불편한
한국사

진실을 쫓는
역사 독립군 배기성의

불편한
한국사

배기성 지음

블랙피쉬
Black Fish

역사에 상상력을 더하는
기록 한 줄, 유물 몇 점

역사는 팩트라는 말은 기득권의 거짓말이다. 역사는 하나의 거대한 소설이자, 거짓말이다. 역사는 가감 없이 쓰여야 한다는 말 또한 거짓말이다. 역사의 기록은 승자의 기록이다. 승자들은 그들의 영광된 승리의 기록은 최대한 많이 그리고 최대한 영광스럽게 묘사한다. 반면 패자들의 기록은 최소화하거나 아예 없애 버린다. 그리고 권력 계층들은 기록 속에 자신들의 행동은 뭐든지 정당화하고 고도로 합리화한다. 따라서 진정한 역사학자란 기록에 의존하는 것이 아닌, 기록을 토대로 하되 끊임없이 그 기록의 진실성을 의심해서, 기록 뒤편에 있는 진정한 진실을 찾아 움직여야 한다.

20세기에 나타난 인류 역사 1만 년의 가장 큰 변화는 영상과 음성의 생중계를 가능하게 한 TV와 라디오의 등장이다. 영상과 음성으로 구성된 동영상이라는 시스템은 과거 인류가 이뤄 낸 모든 성과물보다 훨씬 뛰어난 결과를 내기 시작했는데, 그 수많은 것들 중 하나가 TV 연속극이다. 과거에도 똑같은 내용의 많은 문학적 창작물들이 있었다. 《폭풍의 언덕》,《제인 에어》 같은 문학 작품들이 살롱이라는 귀족들의 사교 모임에서 매주 특정 요일에 모여서 작품의 낭독회를 여는 형식이었다. 영국과 프랑스의 이러한 종류의 모임에서 귀족들은 자신들의 계급을 더욱 공고히 하고자 했다. 그리고 이런 모임에서 낭독된 많은 작품들은 지금도 세계의 고전들이 되어 있다. 그런데, 이런 낭독 모임에서의 작품들은 과연 그렇게 세계적인 고전이 될 만한 가치가 있던가?

우선 귀족 체제 안에서 가지는 모임이므로 계급 체제 자체를 욕하는 내용은 나올 수 없다. 귀족 안에서 금지된 사랑 이야기 혹은 계급 간 금지된 사랑 이야기가 많이 쓰인다. 《제인 에어》에서 남자 주인공 로체스터의 부인이자 정신병을 앓는 버사 메이슨의 경우, 다락방 안에 갇혀서 평생을 보낸다. 《폭풍의 언덕》에서도 입양아 출신의 히스클리프는 온갖 모욕을 당연하다는 듯이 받아들이며 살아간다. 이러한 내용은 당대의 승자인 영국의 귀족 계급 및 아주 재산이 많은 부르주아지들의 입맛에 딱 맞는 것들이었다. 샬럿 브론테와 에밀리 브론테 작가 자매는 몰락한 지방 귀족 가문의 후예로서, 중앙 귀족 사회로의 진출 목표를 이렇게 이뤄 냈던 것이다. 거기에 동시대에 함께 살았던 칼 마르크스의 《자본론》

이나 《공산당 선언》 같은 계급 타파적인 이야기는 설 땅이 없었던 것이다.

또한, 역사는 누가 어떤 지배 체제를 가지느냐에 따라 그 성격을 달리한다. 황제가 자리 잡고 통치하던 시절에는 그 나라 안에서 서술되는 역사는 지배층을 대놓고 비판할 수가 없었다. 비판했다가는 그날로 모가지가 날아가기 일쑤였다. 지배층은 역사적 사실을 가지고도 온갖 날조와 왜곡과 말도 안 되는 상상들을 보태서 참으로 불편하고 이상한 역사 이야기를 만들어 냈다. 머나먼 과거 일지라도 자기들의 기득권 카르텔에 조금이라도 손상이 간다 싶으면 조상의 과거까지도 깨끗하게 세탁한다. 황제 혹은 국왕의 지배 체제에서는 사회 각 사안에 대한 해석도 오직 하나이다. 하나만 허용된다. 반대로 허용되지 않는 것에 대해서는 칼과 창, 더 나아가서는 총으로 위협하기 일쑤였다. 국가 공권력이라는 경찰, 군대, 검사를 이용하여 역사의 패배층을 압박하기도 하고 때로는 대량 학살하기도 했다.

역사에 상상력을 더하는 기획을 출판사에서 나에게 제안하며 드라마 〈대장금〉의 이야기를 했다. 《조선왕조실록》에는 "의녀 장금이가 내 병을 잘 안다"라고 중종이 백관들에게 말했다는 구절이 있다. 이 구절 하나를 가지고 대장금이 수라간 최고상궁과 의학에서의 어의녀 둘 다를 달성한 신화적 여성인 것처럼, 마치 그것이 역사적 사실에 입각한 것처럼 드라마에서는 그렸다. 이는 조선에서 여성이 출세할 수 있는 최고의 전문직이었던 궁중 수라간 최고상궁이라는 것을 통해, 조선 시대에서도 여성들만의 세상이 있었다고 강력하게 호소하는 것이었고, 이 호소가 오늘날의 일반 대중들에게도 여럿 먹히는 요소들이 있었다. 가령 최상궁과 한상궁의 최고상궁 대결은 당시 정치판의 대선 자금 수사와 맞물려 묘한 데자뷔 현상을 불러일으켰던 것이다. 20여 년 전 최고 시청률 57.8퍼센트의 〈대장금〉 신화는 그렇게 탄생했다.

〈대장금〉과 같은 역사 스토리를 42꼭지 골랐다. 찾아보려면 더 찾을 수 있겠지만, 이 정도면 문제 제기를 하는 입장에서는 참으로 잘 골랐다 싶을 정도로만 골라냈다. 독자들은 이제부터 무엇이 역사적 사실인지 무엇이 배기성 역사 강사의 상상력의 산물인지를 골라내는 작업에 들어가야 할 것이다. 자칫 잘못하면 그 둘을 혼동할 수도 있을 것이다. 그러나 헷갈린다고 해도 크게 손해는 아니다. 지금부터 책장을 넘기면서 내 상상력을 감탄하며 보시기 바란다. 상상력인 줄 알고 접하다 보면, 고대사부터 조선사까지 "사실은~" 하면서 하나하나 벗겨지는 역사의 진실을 마주할 수 있을 것이다. 자, 이제 책장을 넘겨 보자.

차례

3부
불편한 조선사

1부
불편한
고대사

一 | 신라 시대 성골과 진골의 진짜 차이는?

 진골. 방은 길이와 너비가 24자를 넘지 못하고 장식 기와를 덮지 못하며, 겹처마를 만들지 못하고 현어를 조각하지 못하며, 금·은·놋쇠·오채로 장식하지 못한다. 계단 돌은 갈지 못하고 삼중 계단은 설치하지 못하며, 담장은 들보와 마룻도리를 시설하지 못하고 석회도 바르지 못한다. 발의 가장자리 테는 금·계수·야초라를 금하고 병풍은 수놓은 것을 금하며, 침상은 대모·침향으로 꾸미지 못한다. _《삼국사기》

성골과 진골, 이 차이는 도대체 무엇인가? 앞에 쓴 《삼국사기》의 기록은 진골이 거주하는 방의 길이와 너비가 24자를 넘지 못한다는 이야기로 시작한다. 기록에 의거하면, '진골'이라고 쓰고 '~을 하지 못한다'는 이야기뿐이다. 고려 왕실의 명으로 《삼국사기》를 쓴 김부식은 철저한 권위주의자였고, 엄격한 신분제 강화주의자였으며, 비굴하리만치 중국에 대해 사대적인 학자였다. 유교를 채택한 학자답게 삼국(신라, 백제, 고구려)의 역사를 유교에 맞춰서 서술한 김부식은 진골과 성골의 이야기를 풀어낸다.

우리 상식에 성골과 진골은 이렇게 되어 있다. 우리는 이제까지 다음의 서술로부터 모든 골품제* 서술을 시작했다. "성골은 아버지와 어머니 둘 다 왕족이다. 반면 진골은 아버지와 어머니 둘 중 하나만 왕족이다. 선덕여왕 때가 되어 성골 출신의 남자가 하나도 없게 되자, 진골도 왕이 될 수 있게 했다. 그러니 선덕여왕의 여동생 진덕여왕까지는 성골, 그 이후로 태종 무열왕이 최초의 진골 출신 왕이다."

다시 《삼국사기》의 기록으로 돌아가 보자. 진골의 경우에 뭘 하지 못한다는 것은 반대로 성골의 경우에는 다 가능하다는 이야기다. "방은 길이와 너비가 24자를 최소로 할 수 있고, 장식 기와를 꼭 써야 하며, 겹처마를 만들 수 있고, 현어를 꼭 조각해야 하며, 금·은·놋쇠·오채로 장식한다. 계단 돌은 갈아서 사용하며, 삼중 계단을 설치해야 하며, 담장은 들보와 마룻도리를 시설해야 하며, 석회도 발라야 한다. 발의 가장자리 테는 금·계수·야초라를

◆ 신라의 신분제인 골품 제도는 8개의 신분층으로 구성되었다. 왕족인 성골·진골과 귀족인 6~4두품, 그리고 3~1두품의 평민으로 구분되었다. 숫자가 클수록 신분이 높았다.

써야 하고, 병풍은 수놓은 것만 써야 하며, 침상은 대모·침향으로만 꾸며야 한다"라고 하면 성골의 지침이다. 왕족은 뭐든지 허용되기 때문에 《삼국사기》 대목에 없다. 저 진골의 기록 다음에 오는 자리가 6두품, 5두품, 4두품의 설명이다.

여기서 상상력을 발휘해 보자. 역사의 진실은 과연 무엇인가? **《삼국사기》라는 고려 시대 관찬 역사서가 의도적으로 편집한 역사의 진실은 바로 불교 세력의 대대적 유입이다.** 신라 왕실은 선덕여왕, 진덕여왕 조에 두 갈래로 갈렸다. 첫째는 전통의 애니미즘 즉 샤머니즘을 숭상하는 파이다. 둘째는 신흥 종교 불교를 숭상하는 파이다. 이때 성(聖, 성인 성)이란 애니미즘, 샤머니즘을 숭상하는 파를 나타내는 글자이다. 또한 진(眞, 참 진)이라는 글자는 당시 불교의 석가모니를 상징하는 글자이다. 즉, 중앙 집권화를 꾀하던 신라 왕실에서 진흥왕 이후, 선덕여왕과 진덕여왕을 거치면서 참 진 자를 쓰는 불교 숭상 세력들을 특별 대우해서 나눠 놓은 것이다.

이것을 유교적 사고방식을 뼛속까지 지닌 고려의 관찬 역사서 편찬자 김부식이 유교적 장자 승계 원칙에 입각하여 둘 다 왕

족, 즉 근친결혼에 의한 자식들이 왕위를 이은 것으로 기록했다. 이렇게 되면 성골과 진골의 근본적인 차이가, 신라의 불교화에 의한 차이가 아니라, 마치 유교의 적장자 원칙이 그때부터 준수되어 온 것처럼 적혀 있게 된다. 이는 매우 잘못된 방식이다. 신라 왕실은 '진골은 뭘 못 한다, 못 한다, 못 한다' 하는 식으로 성골과 진골을 구분한 것이 아니다. 중국으로부터 전해져 온 새로운 종교 즉 불교를 헌법으로 규정하느냐 마느냐를 놓고 기존의 애니미즘, 샤머니즘 숭상 세력과 피비린내 나는 쟁탈전을 벌인 배경이 있던 것이다.

재위 15년 만에 법흥왕은 불교를 신라의 지배 이념으로 택했다. 그러고 나서 24대 진흥왕부터 진지왕, 진평왕, 선덕여왕, 28대 진덕여왕에 이르기까지 신라는 백제에 대한 한강 하구 지역을 배신하고 공격하고 차지할 정도로 중앙 집권화에 대한 집념이 무척 강했다. 불교를 국교로 하고, 이차돈을 목 베어 죽이면서 친위 쿠데타를 성공시키고, 왕실 세력을 불교로 단결시키고, 화랑과 낭도 제도를 100퍼센트 활용해서, 신흥 불교 세력이던 진골 세력을 한 치의 오차 없이 단결시켰다. 애니미즘과 샤머니즘을 약 5대에 걸쳐 극복하고, 단합된 힘으로 삼국 통일을 이뤄 낸 신라. 성골과 진골의 차이는 그렇게 이해해야 한다.

〈춘향전〉의 원전은 누구의 어떤 이야기일까?

왕봉현【개백이라고도 한다, 한씨 미녀가 안장왕을 맞던 곳이라 하여 왕봉으로 불렸다.】

달을성현【한씨 미녀가 높은 산마루에서 봉화를 놓고 안장왕을 맞던 곳이라 하여 후에 고봉이라고 불렀다.】_《삼국사기》

여러분은 우리 민족의 고전 〈춘향전〉의 원래 주인공들은 어디에서 유래되었다고 생각하는가? 조선 전기? 조선 후기? 아니다. 사실 고구려에 그 기원이 있다. 고구려의 전성기는 19대 광개토대왕, 그 아들인 20대 장수왕, 장수왕의 손자인 21대 문자명왕 그리

◆ 《삼국사기》에는 왕봉현과 달을성현이라는 2개의 지명에 대한 유래가 이례적으로 짤막하게 담겨 있다.

고 그 아들 22대 안장왕의 4왕 치세에 해당한다. 마지막 안장왕이 죽고 난 뒤에 즉위한 안원왕부터는 매우 어두운 치세에 해당한다. 광개토대왕은 우리 모두가 알다시피 엄청난 정복 군주이다. 그의 치세 21년 동안 고구려는 엄청난 강역을 확보했다. 장수왕은 그 넓어진 영토를 보다 효과적으로 다스리기 위해, 졸본성을 포기하고 국내성 즉, 평양으로 도읍을 옮긴다. 그리고 무려 79년 동안 재위한다. 이때는 백제와 신라 그리고 가야 등을 계속해서 공격하는 압박 정책과 요서 지방 당시 자원의 땅 무려라에 대한 효과적인 공격 등을 통해, 석탄으로 나라의 엄청난 부를 쌓았다.

그런데 그의 손자 문자명왕에서 문제가 터졌다. 크게 두 가지인데 우선 너무 넓은 영토를 감당하지 못했던 것이 원인이었다. 신라의 지증왕과 백제의 무령왕이 동시에 문자명왕의 남부 권역을 치고 올라왔다. 두 번째로 너무 넓은 영토에 중앙 집권을 노렸으나 실패로 돌아가고, 귀족들과 토착 호족 세력들을 지역 맹주로 세웠으나 애초에 이런 정책은 실패로 귀결되기가 십상이었다. 결국 문자명왕은 다음 왕 즉 태자 문제를 가지고 엄청난 권력 다툼을 초래했다. 정실부인이 낳은 태자 안장왕을 불러, "조용해질 때까지 백제 땅으로 가 있어라"라고 말했다. 처절한 부탁이었을 것이다.

태자는 현재 서울 바로 위에 있는 고양시 일산동구와 서구에 있던 달을성현으로 피신한다. 여기서 한 가지 눈여겨봐야 할 것은 장수왕 시절에 백제와 신라를 쳐서 중원고구려비가 지금의 충청북도에 위치해 있을 정도로 강성했던 고구려가 한강 위쪽 고양시 일산 달을성현까지 내줬다는 것이다. 백제의 동성왕과 무령왕이 얼마나 집요하게 백제 부흥을 꿈꾸었는지를 잘 알 수 있다. 고구려가 강성했을 때는 숨죽이고 있던 백제가, 고구려 장수왕이 죽고 그 손자 문자명왕이 다스리던 치세에 국력을 회복하고, 잃어버린 백제의 한강 유역 땅들을 차츰차츰 회복해 나갔다. 그러던 도중의 일이다. 안장왕이 태자 시절 일산 땅에 머물러 있었다는 이야기 말이다.

19세기 중반, 신재효에 의해 편집된 판소리 여섯마당은 〈춘향가〉, 〈심청가〉, 〈흥부가〉, 〈수궁가〉, 〈적벽가〉, 〈변강쇠가〉로 구성되어 있다. 이 중 〈춘향가〉를 대부분 첫 손으로 꼽는 이유는 단순히 남녀의 사랑 이야기라는 것 때문만은 아니다. 성춘향과 이몽룡의 사랑 이야기가 대맥을 형성하지만, 그 속에 '관기는 창녀가 아니다'라는 명제와 변학도로 대표되는 탐관오리가 우리 백성들을 어떻게 고통 속에 빠트리는지에 대한 명제가 함께 제시되기 때문이다. 이 천하의 걸작은 바로 안장왕의 태자 시절에 있었던 일을 기본으로 한다. 전승된 것이다. 한 가지 더 충격적인 사건을 말해 드릴까? 고려 말, 포은 정몽주가 이방원의 〈하여가〉에 대응하는 시 〈단심가〉를 불러 만고의 충신으로 인정받은 바 있다. 그런데 이 〈단심가〉가 바로 안장왕 스토리를 기반으로 한다. 그 전개는 다음과 같다.

안장왕은 달을성현에 있을 때 신분을 완전히 속이고 백제의 중인 백성인 것처럼 살았다. 이곳에는 한씨 성을 가진 엄청난 절세미인이 있었다. 전직 고을 귀족의 딸이었던 그녀는 안장왕과 사랑에 빠지게 된다. 백제의 땅에 피신 와서 실의의 나날을 보내고 있던 안장왕은 한씨 부인과 사랑하게 되면서 삶의 열정을 되찾았다. 1년이 넘는 시간 동안 무술 수련과 글공부를 게을리하지 않던 그는 아버지 문자명왕이 위독하다는 소식을 듣고, 한씨 부인에게 자신의 정체를 드러냈다. 그리고 고구려에 돌아가 떳떳한 태자가 되어 돌아오겠다고 약속했다. 한씨는 눈물로 안장왕을 떠나보내며, 자신은 절대로 변절하지 않을 것이라고, 제발 꼭 돌아오라고 간절히 바랐다.

한편, 한씨를 노리던 탐욕스러운 달을성현 태수는 한씨에게 자기의 침소에서 수청을 들라고 명한다. 그 명령은 당연히 거부된다. 여기서 나오는 게 그 유명한 〈단심가〉다. '이 몸이 죽고 죽어 일백 번 고쳐 죽어, 백골이 진토 되어 넋이라도 있고 없고, 임 향한 일편단심이야 가실 줄 있으랴'라는 말. 이 말을 듣고 태수는 화가 머리 끝까지 난 나머지 자신의 생일에 한씨를 처형하겠다고 선언한다. 태수의 생일날, 악단으로 변장한 안장왕과 그 호위 무사들은 태수가 거하게 취하자 변장을 풀고 태수를 죽인다. 그리고 한씨 부인을 데리고 고구려로 돌아가 안장왕에 오르는 것이다. 이 이야기가 오

랜 세월 전해 오면서 〈춘향전〉이라는 민족의 고전이 되었다. 전라
북도 남원시에 기반한 이야기가 아니다. 달을성현, 즉 경기도 고양
시 일산서동구에서 기원한 이야기이다.

한반도 최대·최고의 저수지와 임나일본부설

 흘해이사금 21년 처음으로 벽골지를 만들었는데, 그 둑의
길이가 1,800보이다. _《삼국사기》

백제 비류왕 27년(AD 330년) 우리나라 건축사에 길이 남을 금자
탑이 하나 만들어진다. 오늘날에도 그 흔적이 남아 있는 전라북
도 김제시의 벽골제*가 그것이다. 지금으로부터 무려 1,700여 년
전, 전라북도 호남평야에서 벌어진 대역사에 백제의 남방 강역 확
보 의지가 명확하게 드러난다. 백제는 우리 역사상 전라도와 충청
남도라는 영토 이미지가 너무 강하다. 그러나 BC 1세기경에 건국
된 백제는 오늘날 서울의 위치였다. 백제 풍납토성과 몽촌토성 그

◆　벽골제는 우리나라에서 처음으로 쌓아 만든 최고의 고대 저수지이다.

리고 육계토성(오늘날 경기도 파주시 적성면 일대)을 보더라도, 임진강 변에 고구려와 경계성을 쌓고, 한강 남쪽(오늘날의 서울 송파 쪽)에 왕궁을 두고 있던 한강 일대의 강자였다.

기원후가 되자, 백제 시조 온조왕은 현재 경기도 평택과 충청 남도 아산시 근처에 자리 잡고 있던 마한*의 패자(霸者) 목지국을 점령하여 마한의 새로운 강자가 되었다. 그런데 AD 330년경에 일본 열도에서 대한해협을 건너 우리나라 현재 전라남도와 전라 북도 일대에 일본의 식민지를 구성해 놓고 다스렸다는 황당한 역 사 왜곡도 일어나고 있다. 임나일본부설**이다. 이 같은 황당한 사 설은 관찬 역사서 《전라도 천년사》에 그대로 반영되어 전라북도 남원의 옛 지명을 일본의 역사책인 《일본서기》에 언급된 지명인 기문***이라고 해 놓은 것이다. 그 책에 기록된 내용과 관계없이 상상의 나래를 펼쳐 보자.

김제 벽골제가 기획되고 건설되던 AD 320~330년경의 전라 북도 김제 일원에는 기존의 마한 부족 연합 국가가 설립되어 있었 다. 벽골제의 기획 의도는 다음과 같았다. 대규모 저수지 물에 기

◆ 이 마한은 한반도 중남부에 자리 잡고 있던 부족 국가의 통칭으로, 목지국을 중심으 로 해서 중앙 집권화가 되기 직전 형태의 국가들의 모임을 말한다.

◆◆ 임나일본부설은 일제 식민 사관 중 하나로, 4세기 중엽경 일본 열도의 야마토왜(大 和倭)가 한반도 남부에 진출하여 백제, 신라, 가야를 지배하고 임나일본부라는 통치 기관을 설치해 이후 6세기 중엽까지 한반도 남부를 지배했다는 학설이다.

◆◆◆ 남원의 옛 이름은 고랍국이다.

반한 농사는 인구를 정착시킬 수 있다. 그러면 중앙 집권 국가 설립의 의도가 충족된다. 따라서 물에 기반한 벼농사를 장려하기 위하여 김제시의 갯벌을 간척한다. 그 간척이란, 바다가 육지와 맞닿아 있는 쪽을 대규모로 개척하여 농토로 만들고 바다를 멀리 밀어내고, 거기에 농업용수로 쓰일 물을 확보한다는 기획이었다. 총 길이가 3킬로미터에 달하는, 당시로서는 세계 최대 규모의 공사였다. 이는 목지국을 애초에 정벌하여 한강뿐 아니라, 충청남북도와 전라북도 일대에 위세를 떨치고 있던 백제가 마지막 마한 지역인 전라도 전체를 손에 넣기 위해 벌이는 대규모 토목 공사였다. 이에 경상도 지역인 신라의 흘해이사금이 대규모 노동력을 협찬했다. 그래서 벽골제의 완공 연도가 흘해이사금 21년이라고 나오는 것이다. **백제의 기술, 전라도의 노동력 그리고 신라의 노동력까지 제공되어 탄생한 것이 벽골제다. 한마디로 그때 당시의 모든 기술력과 노동력이 하나로 합쳐진 것이다.**

세월은 흘러 통일신라 시대 원성왕 때의 일이다. AD 790년경의 일로 추정되는데, 정부에서는 벽골제가 너무 오래되어서 전면 개·축조를 기획하게 된다. 이에 토목 기술자로 유명했던 화랑 원덕랑을 파견했다. 원덕랑은 김제 땅에 도착하자마자, 노동 인력을 독려하여 끌어모으고, 거의 무너지다시피 한 김제 벽골제를 다시 기획해서 되살리는 프로젝트에 들어갔다. 그 과정에서, 김제 지역 태수의 딸 단야는 원덕랑을 깊이 사랑하게 되었다. 자기의 무한한 사랑 표현에도 아랑곳없이 오로지 벽골제를 되살리겠다는 기획에만 전념하는 사람을 어찌 사랑하지 않을 수 있으리오. 그 와중에 원덕랑의 약혼녀 월래가 원덕랑을 보고 싶은 마음에 벽골제 공사장에 이르렀다. 이 같은 사실을 확인한 김제 태수는 자기 딸의 사랑을 이뤄 주기 위하여 악한 꾀를 낸다.

벽골제 상류의 용추(龍湫)라는 웅덩이에 청룡과 백룡이 사는데 그 두 용들에게 사람을 제물로 바쳐야 벽골제의 보수 공사가 제대로 진행될 수 있을 것이라는 소문을 퍼트린 것이다. 태수의 계획은 악랄했다. 그 희생 제물이 바로 원덕랑의 약혼녀 월래라고 소문을 낸 것이다. 자기 딸의 라이벌을 없애 버리고, 딸의 사랑도 이뤄 주고, 원덕랑도 사위로 맞이하고, 중앙 정부에 신임도 사고, 벽골제도 완성시키는 일석 5조의 일이라고 태수는 생각했을 것이다. 우연히 아버지의 간악한 계획을 알아챈 단야는, 제물을 바치는 마지막 행사 날 월래를 밀어내고 자신이 그 제물단 속에 들어가 희생을 자처했다. 그 희생 속에서 벽골제는 제대로 완공될 수 있었던 것이다.

지금 그 벽골제를 가 보면 제방만 남아 있다. 제방 양쪽의 농토는 이미 관광지화되어서 옛 흔적을 찾

김제 벽골제의 쌍룡 조형물
ⓒ Kyklyj (Wiki Commons)

아보기 어렵다. 그 대신 이제는 널리 뻗은 호남평야의 광활한 위용을 그대로 느낄 수 있어 무척 감격스럽다. **이런 땅을 어떻게 임나일본부의 지배를 받은 영토라고 말할 수 있는가?**

四 | 고구려의 땅
무려라에 대하여

동쪽으로 바다를 건너 신라에 이르고, 서북쪽으로 요수를 건너 영주에 이르며, 남쪽으로 바다를 건너서 백제에 이르고, 북쪽으로 말갈에 이른다. 동서 3,100리이며, 남북 2,000리이다. _《구당서》

이번 전쟁에서 겨우 요수 서쪽 적(고구려)의 무려라를 빼앗고, 요동군과 통정진을 설치하고 돌아왔을 뿐이다. _《수서》

고구려. 우리나라 역사의 가장 큰 영토를 차지했던(가장 큰 영토는 발해 선왕이지만, 그래도 비슷한 규모였기에 이렇게 쓴다) 영광의 나라. 그 고구려의 영토는 어디까지였을까? 우리나라 역사 교과서에 반영된 고구려 영토 지도는 5세기경의 작품이다. 즉 문자명왕 즉위 초의 영토 강역 범위를 최대치로 보고 저술되고 있다. 국경이라는 것이 요즘처럼 명확하지 않기 때문에, 그러한 지도 개념이 얼마나 효용성이 있을까 생각하면 전부 쓸모없어지겠지만, 그래도 이럴 때는 상상력이 상당한 위력을 발휘한다.

5세기 고구려 전성기 지도

당나라 때 발간된 수나라 역사책 《수서》에 나오는 대로, 무려라는 무려(武麗)라는 이름을 지닌 라(邏), 즉 국경의 요새를 말하는 것으로 앞의 지도에서 후연 지방 쪽을 가리키는 말이었다. 요수 즉 요하 건너편에 있던 영토이다. 별거 아니라고 생각할 수도 있겠으나 지금으로 치자면, 족히 경상남도 정도의 면적은 나오는 곳이다. 고대(古代)로 치자면, 왕국이 하나 들어서도 되는 너른 면적의 땅이다. 이곳에 고구려의 요새 무려라가 있었다니, 참으로 가슴이 웅장해진다.

광개토대왕의 21년간 치세, 장수왕의 79년간 치세, 문자명왕의 28년간 치세, 안장왕의 12년간 치세까지, 즉 140년간의 치세를 통해 우리 영토로 인식되었던 무려라. 무려라는 AD 598년 2월 고구려의 수나라 선제공격(1차 고수 전쟁) 때 중요한 전진 기지가 되었다. 수나라 영주 총관 위총이 일단 격퇴하였으나, 고구려 영양왕이 동원한 병력이 고작 1만 명이었다는 사실은 수나라에는 크나큰 충격 아니, 망신이었다. 수나라 초대 황제 문제는 30만 육해군을 동원해 고구려에 반격했으나 철저하게 실패하고 말았다. 요즘 역사 서술은 이 고수 전쟁의 과정을, 대국 수나라에게 작은 나라 고구려가 버릇없이 덤벼들었다고 쓴 내용이 많은 것 같다. 이는 을지문덕 총사령관의 위업 살수대첩을 부각시키는 서술이 되는지 모르겠는데, 내가 보기에 사실 이는 고구려에서는 지극히 자연스러운 경제 활동이자 외교 활동에 불과한 것이다.

고구려는 전투와 전쟁 그리고 약탈이 상식인 나라였다. 그도 그럴 것이 벼농사가 주가 아니었다. 그들에게 식량의 조달이란 '곡식 부자 동네가 있으면 가서 털어 먹는 게 상식'이라는 개념이었다. 왜 저렇게 너른 강역이 필요했는가? 그만큼 털어 먹은 게 넓어진 결과다. 자연히 무려라도 그런 개념이었다. 거긴 석탄이 그렇게 많이 났다. 고구려는 무려라를 약 200년 동안 지배했다. 석탄으로 강화된 화력으로 중국의 위진남북조 시대, 동북아시아를 호령했다. 나무 장작, 숯 화력도 석탄 화력에는 당하지 못했다.* 무려라는 고구려 석탄 화력의 중심이었다. 나무 장작과는 비교할 수 없을 정도로 월등한 석탄은 고구려의 화공(火攻), 생활, 요리 등 거의 모든 것을 중국에 대한 우세로 바꿔 버렸다.

수나라는 300만 명 이상 동원한 AD 612년의 대전쟁에서 무려라 하나를 빼앗아 가지고 돌아왔다. 얼핏 보면 매우 초라한 성적표지만, 길게 보면 다르다. 이는 고구려로부터 석탄 화력을 빼앗아 버림으로써 수나라 다음에 올 당나라와의 전투에서 결국 패망하게 만드는 원동력이 되었다. 고구려는 612년에 무려라를 빼앗긴 후, 56년 동안 무려 5번의 대전쟁**을 겪은 후에 멸망한다.

◆ 고구려는 만주 지역의 추운 곳이다. 9월이 되면 벌써 추워져서 그 이듬해 4월까지 정말 춥다. 그러니 나무 화력만 가지고는 어림도 없다. 석탄의 화력이 중요하다는 뜻이다.
◆◆ 수나라와 2번, 당나라와 3번이다.

五 | 백제 멸망의 순간,
민족의 반역자 예식진

 할아버지 예식진이 백제 의자왕을 당나라 고종에게 바쳤다. _예인수의 묘지명 중에서

2007년 8월 〈백제멸망의 진실-예식진의 배신〉이라는 제목으로 발표된 논문(신라사학회의 김영관 제주대 교수)이, 2010년 신라사학회의 무덤 발굴(예식진과 그의 아들 예소사, 손자 예인수)을 통해 사실임이 입증되었다.

백제 멸망의 순간을 떠올려 보자. AD 660년 음력 8월 2일에 당나라와 신라의 연합군이 백제 사비성 궁궐에서 주연을 베풀었다. 의자왕과 그 태자 부여 융으로 하여금 소정방과 김춘추 등에게 술을 따르게 하였다. 또한 후일 문무왕이 되는 김법민이 부여 융의 얼굴에 침을 뱉고 여동생의 원수를 갚는다며 온갖 모욕을 주

30

었다는 기록 등이 백제 멸망의 날을 비참하게 기억하게 한다. 도대체, 어떻게 해서, 건실했던 왕국 하나가 이렇게 간단하게 무너질 수 있는가 하는 근본적인 의문은 해소되지 않고 있었다.

그런데 그 의문점에 대한 스모킹 건(결정적 단서)이 2010년에야 풀린 것이다. 거기에는 3대에 걸친 비열한 매국노의 삶이 있었다. 예씨 집안은 고국인 백제를 팔아서 당나라 고위 관직과 귀족의 삶을 살았다. 이러니 국가가 멸망의 위기에 다다랐을 때, 무슨 애국과 부흥 운동의 삶을 강조하겠는가? 우리는 그런 줄도 모르고 삼천궁녀 설화나 믿고 오해하며 살았던 것이다. **예식진의 매국 행위에 700여 년을 내려온 백제의 모든 자존심과 문화유산이 사라져 버렸다.**

다시 백제 멸망의 그 긴박한 순간으로 돌아가 보자. 황산벌 전투에서 계백이 5천 결사대를 이끌고 항전하였으나 실패한다. 당나라의 소정방은 사비성 30리쯤 되는 곳에 주둔하고, 신라의 김유신은 웅진강 입구에 주둔한다. 백제는 좌평 의직으로 하여금 2만의 군사를 주어서 소정방 군대를 막게 하였으나, 결국 패하고 만다. 그것도 전멸이라는 비참한 성과를 가져온 것이다. 음력 7월 13일 의자왕은 태자 부여 효를 데리고 웅진성으로 거처를 옮긴다. 피난이라고 많이들 쓰던데, 나는 피난이 아니라 정상적인 통치 행위로 본다. 여기에서 항전 의지를 다시금 천명하던 백제 의자왕은 뜻밖에 웅진성 태수 예식진으로부터 배신을 당해 체포된다. 그리고 당나라 소정방에게 인도된다. 백제는 이미 끝났다는 판단을 한 것이 예식진이었다. 그의 아버지와 아들 모두 백제를 배신하기로 결의를 한 상황이었다.

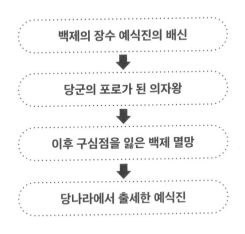

백제의 장수 예식진의 배신

↓

당군의 포로가 된 의자왕

↓

이후 구심점을 잃은 백제 멸망

↓

당나라에서 출세한 예식진

음력 9월 초, 양력으로 하자면 11월, 소정방은 백제로부터 함대를 돌려 당나라로 출발했다. 13만 대병은 그대로였지만, 거기에 약 1만 2,000명 정도의 백제 포로들이 함께였다. 의자왕과 왕비 그리고 부여 융, 부여 태가 함께였다. 예식진도 함께였다. 망한 백제의 700년 역사를 어찌할꼬. 의자왕의 마음을 헤아릴 수 있을까? 예식진은 당나라로부터 극진한 대접을 받았다. 당 고종으로부터 궁정의 경비와 호위를 담당하는 벼슬을 얻었다. 정3품의 좌위위대장군에 임명되었다. 이렇게 수치스러운 매국 행위를 하고서도 좋은 벼슬을 얻어 자기 손자까지 호의호식하고 살았다. 묘비명의 어투를 보면, 예식진의 손자 예인수는 오히려 이러한 할아버지의 행위를 자랑스러워하며 자기의 당나라 벼슬을 보장해 주는 당 황조에 대한 감사함으로 끝맺는다.

정작 당나라로 끌려간 의자왕은 당 고종으로부터 심한 질책을 받았다. "모든 혐의와 책임을 사하겠노라"라는 조롱과 모욕도 함께 받았다. 그리고 3일을 앓다가 죽었다. 중국 허난성 낙양시에 있는 북망산에 묻혔다(높은 산 같아도, 조그마한 언덕이다). 옛말에 누가 죽을 때 북망산에 간다고 하는데, 바로 이 의자왕 고사에서 나오는 말이다. 당나라 황실의 수비대장에 올라 호의호식한 매국노 부자. 참으로 비통한 역사적 사실이다.

六 | 백제·고구려의 유민일까?
라후 부족의 슬픈 이야기

 티베트버마어파 언어들에 정통한 미국의 언어학자 제임스 마티소프 등이 라후족의 언어가 한국어와 비슷한 언어 계통을 가졌다고 주장한다. _이현복(서울대학교 언어학과 명예교수)의 말 중에서

'라후'라는 부족이 있다. 중국 운남성 일대에 49만 명, 미얀마에 15만 명, 태국에 10만 명, 라오스와 베트남에 1만 5,000명과 1만 명 정도가 살아가고 있다. 다 합쳐 봐야 약 80만 명이 되지 않는 소수 민족이다. 그런데 이 라후족은 그 옛날 고구려와 백제의 유민들이 디아스포라를 형성하며 내려온 부족이라는 설이 있다. AD 660년과 AD 668년에 각각 중국 당나라에게 멸망당한 백제와 고

◆ 전인평 지음, 《실크로드, 길 위의 노래》, 소나무, 2003.

구려의 유민들이 독립된 세력으로 존재하며 이제까지 내려온 것이라는 게 학계 일부의 설이다. 라후 종족은 대단히 빈곤한 종족이다. 이들은 중국과 라오스, 태국, 미얀마, 베트남 등지에서 완전한 소수 민족으로 취급받으며, 그들의 자치 마을에서 생활하고 있다. 이 외딴 곳에서 빈곤한 생활을 영위하며, 사회 보험 같은 것은 아예 들어 주지도 않는다. 건강 보험은커녕, 학교 취학 통지서조차 없으며, 태국 같은 경우는 아예 주민 등록 자체를 잘 안 받아 준다. 따라서 취업을 하고 싶어도 못 나간다. 부정부패가 만연한 이들 나라에서 경찰 등의 공권력이 각종 상납을 받는 등 온갖 비리들이 대놓고 저질러진다. 라후족 외에도 여러 소수 민족들이 있지만, 특히 라후족에게 심하다.

국가 공권력의 최대 무기가 무엇인가? 국민들에게 범죄 행위가 있을 것이라고 의심될 때, 그것을 수사하는 것은 정상적인 플레이에 불과하다. 매우 나쁜 경우는, 수사 대상에게 이러저러한 혐의가 있다고 최대한 협박해서, 뭔가를 얻어 내는 것이다. 중국, 태국, 베트남, 라오스, 미얀마 5개국의 공통점은 조미아(Zomia)라는 사회 현상이 나타난다는 것이다. 여기서 조미아라는 것은 히말라야 동부 산지 위에서 국가의 간섭 없이, 즉 조세(租稅)의 강제력에 포섭됨 없이, 국가 체제를 사실상 거부하며 살아가는 공동체를 말한다. 전 세계에 이런 조미아들이 많지만, 거의 80퍼센트 정도 되는 조미아의 구성원들은 아시아 히말라야 동부 산악 지방에 살고 있다. 나머지 20퍼센트는 인도네시아 동쪽의 파푸아뉴기니 섬에 살고 있다. 라후족은 수많은 그들 중 하나이다. 그렇다면 이들의 생활 어디에 백제와 고구려의 유민들이 있는지 살펴보자.

상상력의 나래를 본격적으로 펼쳐야 한다. 라후족의 뿌리는, 그들의 설화에 의하면 눈이 오는 저 위쪽의 산악 지방으로 나온다. 눈이 오는 산악 지방, 물론 여러 곳을 들 수 있지만 고구려나 백제가 금방 떠오르는 건 어쩔 수 없다. 예전에 한 예능 프로그램에서 태국의 치앙라이 주에 사는 라후족을 찾아가 '나', '너' 등의 인칭 대명사가 한국말의 쓰임새와 같고, 여가 시간에 민속놀이로 팽이치기를 즐긴다는 사실 등을 보여 주었다. (그런데 그 후에는 아무런 언급이 없다. 중국 측에서는 라후족이 백제·고구려의 유민 출신이라는 점에 대해 강력히 거부하고 있다는 이야기만 들린다.)

고구려가 멸망한 후, 당나라의 포로로 끌려간 인원은 2만 8,000여 호에 달했다. 이들은 신라로 넘어간 사람들보다 훨씬 많았던 것으로 추정된다. 이들 대부분은 왕실과 귀족 등 사회 상층부의 사람들로서, 당나라는 이들로 하여금 특히 감숙성의 회랑지역에 머물게 했는데, 이들 중 상당수가 후일 벌어진 안사의 난* 때에 난리를 피해서 중국 운남성 지방으로 내려갔다고 보고 있다. 이들이 지금 라후족을 형성하고 있다고 보인다. 고조선을 세울 때

◆ 안사의 난은 당나라 현종 재위 때 절도사 안녹산 등이 간신 양국충 토벌을 구실로 일으킨 반란이다. 당나라가 분열하는 계기가 되었다.

에 우리 민족 동이족이 베링해협을 건너 현재의 에콰도르까지 점령해서 고조선의 영역이 그렇게 넓었다고 주장하는 일부 유사 역사학자들은 상상력을 그렇게 꽃피울 것이 아니라, 실제 우리 민족으로 고구려와 백제를 생각한다면 산둥성 지방에 끌려온 백제 유민들과 감숙성 지방에 끌려온 고구려 유민들의 각 상층부 세력들이 어떻게 그 후의 디아스포라를 형성해 나갔는지를 추적해 봐야 한다. 에스키모부터 남미의 원주민에 이르기까지 모두 우리 한민족이라고 이야기하는 사람들을 보면 참 불쌍하다는 느낌이 든다. 왜 DNA적으로도 우리와 유사한 라후족은 우리 민족이라고 이야기하지 않는가? 그들이 못살기 때문인가? 당장 못사니, 현재 우리 민족에게 아무런 득이 없을 것 같아서 주장을 하지 않는 것인가?

고구려와 백제의 유민들 중 사회 상층부는 중국 정권에 조금도 기대어 살려고 하지 않았다. 오히려 독자적인 세력을 구축해 끊임없이 왕조를 개척하려고 했다. 중국 당나라도 이들과 발해와의 교통만큼은 막으려고 애를 썼다. 그래서 오히려 운남성 남쪽으로 집단을 대거 이주시켜, 차라리 세

태국 산악 지대의 라후족 마을
ⓒ Laura Alblas (Wiki Commons)

금을 걷지 못하게 되더라도 그 옛날 백제, 고구려의 뿌리인 부여
(夫餘) 계통으로 통합하는 것만은 막으려고 했던 것이다.

2008년부터 2010년에 이르기까지 여름 방학 때마다 치앙라
이 주에 가서 라후족에게 자원봉사를 했던 나의 경험상, 그들에게
서 우리 부여인의 혈통을 진하게 느낄 수 있었다. 라후족, 그들은
본류적으로 고구려와 백제 외에 다른 조국은 없었다고 생각한다.

아프간 와칸 회랑을 뚫다, 고구려의 후예 고선지

 안서도호의 서역산 푸른 준마

명성을 떨치며 홀연히 동쪽으로 왔네

이 말은 전장에서 오래도록 무적이었고

주인과 한마음으로 큰 공을 세웠네

공을 이루니 은혜롭게 보살펴져 가는 곳마다 따라다니니

표표히 먼 사막으로부터 이르렀다네

씩씩한 자태는 말구유에 엎드려 은혜 입는 것을 받아들이

지 않으니

사나운 기상은 전장의 승리를 생각하네

_두보의 시 〈고도호총마행〉 일부

천보 9년(750년), 석국(石國)을 토벌하였다. 그 나라의 왕 거비시가 항복을 청하였는데 고선지가 포로로 잡아 궁궐에 바치자 목을 베었으므로 이로 말미암아 서역이 복종하지 않게 되었다. 석국의 왕자는 대식(大食)으로 달아나 병력을 빌려 탈라스에서 고선지를 공격하여 자기들의 원한을 되갚았다. 《신당서》

고선지 장군. 위대한 고구려의 유능한 군인이었던 고사계의 아들이자 고씨 가문의 핏줄. 당나라는 고구려를 멸망시킨 직후 많은 고구려 유민들을 당나라의 서쪽 변경으로 집단 이주시켰다. 고사계도 이때 이주한 것으로 보인다. 고사계는 당에서 무장으로 활약했는데 그의 아들 고선지도 스무 살 무렵부터 장군으로 복무했다.

〈고도호총마행〉은, 당나라 역사상 최고의 시인이었던 두보가 그의 위용에 반해 AD 749년, 전성기를 만끽하고 있던 고선지 장군을 찬양해 쓴 시이다.* 그때는 이미 고구려가 망하고 거의 80년 가까이 흘러, 이제 옛 고구려를 중흥하고자 하는 움직임이 발해로 인해 나타났다고 하더라도, 당나라 본토에서는 그 움직임이 거의 감지되지 않고 있었다. 이제부터 고선지 장군의 생애 중 747년부터 755년까지를 상상력을 부여하여 재구성해 보자.

◆ 당나라는 편안할 안(安) 자를 동서남북의 방향에 붙이는 것을 좋아했다. 〈고도호총마행〉 첫 구절이 '안서도호'로 시작하는 것은 고원과 사막의 땅 서역 지방의 안녕을 바라며, 그 안녕을 이뤄 줄 사람으로 고구려계 고선지 장군을 택해 찬양시를 두보가 쓴 것이리라.

747년 당 현종은 고선지에게 병사 1만을 주며 토번(티베트) 정벌을 명령했다. 중국은 당시 실크로드를 통해 서역과 교섭해 왔는데, 토번이 중앙아시아에서 세력을 떨치며 당을 방해했기 때문이다.

고선지는 고구려와 백제 유민들이 포함된 군대를 지휘하며[*] 오늘날의 신장과 아프가니스탄을 잇는 좁디좁은 땅 와칸 회랑을 정벌하여 그 서역과의 교통로를 장악한 후, 서역 땅에 데리고 간 군사들을 정착케 했다. 와칸 회랑에서의 고선지의 활약은 토착 토번족들을 벌벌 떨게 만들었다. '연운보'라고 불리는 와칸 회랑에서

아프가니스탄과 중국 신장을 잇는 골목 와칸 회랑
ⓒ Ninara (Wiki Commons)

◆　당시 고선지의 부대에는 고구려계 포함 여러 이민족이 섞여 있었다고 한다.

의 대승은 높이가 4,000미터가 넘는 산악 지방에서 장대높이뛰기의 원리를 이용하여, 토번족의 성 지키기 작전을 공략해서 모두 무찔러 버리는 형식이었다. "저놈들이 미치지 않고서야 어떻게 이 높은 지대로 올라오겠느냐"라고 느긋했던 토번족들은 고선지가 이끄는 고구려·백제 유민 연대의 공격에 넋을 잃었다.

저 험준한 산맥을 보라. 와칸 회랑은 인간이 도저히 정복조차 할 수 없는 대단한 지형이었다. 저곳을 그렇게 강력하게 공격한다는 것은 고구려·백제 유민들의 연합군이 아니고서는 절대로 생각할 수 없는 미션 임파서블이었다. 당나라 입장에서도 고구려·백제 유민들은 골치 아픈 강력한 유민들이었다. 698년 발해라는 강력한 왕국이 새로 생기면서, 이들 고구려에서 당나라로 간 유민들은 늘 당나라의 정보망에 시달려야 했다. 의심의 눈초리를 거두지 않았던 것이다. 그렇기 때문에 이번 고선지의 서역 원정 역시 그렇게 멀리까지, 내다 버리다시피 하면서 '이번에 거기 가면 다 죽고 돌아오지 마' 했던 것이 당 현종의 솔직한 마음이었다. 그 척박한 땅, 그 황폐한 땅, 그 절대로 적응하지 못할 것 같은 고산 기후 등 모든 것을 뚫고 가야 하는 서역 원정. 오늘날은 자동차나 비행기나 기차를 타고 갈 수 있지만 고선지의 시대에는 말을 타거나 도보로 갔다. 그 고달픔이란 상상을 초월한다. 그렇게 고달프게 수천 킬로미터를 이동해서 간 서역 원정에서 고선지는 뜻밖에 대승을 거두었다. 그리고 연전연승을 하게 된다. 오늘날의 우즈베키스탄, 타지키스탄, 파키스탄, 아프가니스탄, 키르기스스탄 등의 돌궐 연합 전체로 칼끝을 겨눴다.

그러나 고선지는 탈라스 전투(751년 7월)에서 석국, 즉 현 우즈베키스탄의 항복한 군주를 죽이는 실수를 저질렀다. 이에 아랍 전체가 고선지 장군에 대한 복수심에 불타게 되면서, 전투의 기세를 완전히 빼앗겼다. 결국 이 전투에서 사산조 페르시아가 고선지의 당군(사실상 고구려·백제 유민 연합군)을 거의 전멸에 가깝게 물리쳤다. 그리고 두환 등의 종이 기술자를 사로잡아, 그 유명한 바그다드 종이를 제작하게 된다. 당시로서는 세계 최첨단 기술로 중국 당나라를 세계적인 강대국으로 만들어 주었던 종이를 처음으로 서양 세계에 전파시킨 공로가 있는 탈라스 전투였다.

八 | 발해 문왕의 대당 정치 공작? 안녹산의 난 파헤치기

 안녹산과 사사명 그리고 그 자녀들이 일으킨 대규모 중국 당나라의 반란으로 755년 12월 16일에 안녹산이 대규모 병력을 일으키며 발생해 763년 2월 17일 사사명의 아들 사조의가 자살하면서 끝난다. 《신당서》

당나라 현종과 양귀비의 총애하는 양자(養子)이자 현종이 가장 신임하는 장군이었던 안녹산. 그는 굉장히 뚱뚱한 사람이었다. 양귀비가 그에게 "당신의 그 뚱뚱한 배 안에 무엇이 들어 있소?"라고 물어보자 "오직 황제 폐하와 귀비 마마를 향한 충심이 들어 있을 뿐이옵니다"라고 대답하여, 그 재치와 대담함에 모두가 놀랐다는 말이 전할 정도다. 그는 양귀비의 사촌 오빠 양국충에게는 눈엣가시 같은 존재였다.

양국충은 직전 과거에서 모든 합격생들을 탈락시키고, 심지어는 반란을 꾀했다면서 몇몇은 누명을 씌워 지방으로 유배 보내기까지 하였다. 그 이유가 정말 웃겼던 것이, 자기보다 훌륭한 관리들이 너무 많아서였다고 한다. 단 한 명도 자기보다 잘난 사람이 들어와서는 안 된다는, 그 말도 안 되는 논리에 그 큰 당나라가 꼼짝도 못 하고 당할 정도로 천보 연간의 당나라는 썩을 대로 썩어 있었다. 마침내 간신 양국충은 라이벌 안녹산에게 칼을 빼 들었다. 당시 하동 절도사로서 당나라 모든 정예병의 1/3을 차지하고 있던 안녹산 역시 자신이 죽지 않으려면 반란을 일으킬 수밖에 없었다.

안녹산은 정통 중국 한족 계열이 아니었다. 아비는 이란 계열의 소그드인이고 어미는 돌궐족이었다. 즉 투르크 계열의 이민족이었다. 동투르키스탄은 오늘날의 몽골 지방, 좀 더 특정하자면 내몽골 자치구에 살고 있는 종족의 이름으로, 과거 고구려가 중국과 자웅을 겨룰 때에는 고구려와 동맹을 맺고 중국을 위에서 찍어 누르는 형태로 하여 그 위명을 떨쳤는데, 안녹산의 난 당시에는 고구려 대신 발해가 그 위치에 있었다.

그것도 그냥 발해가 아니라, 해동성국으로 아주 잘나가던 국력의 발해가 있었다. **발해의 제3대 왕 대흠무 즉 문왕이 AD 737~793년 발해 국왕으로 재위했는데, 이 안녹산의 난 시기(755~763년)와 맞아떨어진다.**

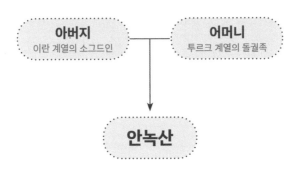

발해에게 당나라는 천하의 원수였다. 발해가 누누이 주장해 왔던 "발해는 고구려의 후예다"라는 대명제로 비추어 볼 때, 당 고종이 고구려를 정벌해서 멸망시키고, 거기에 안동도호부를 설치해서 식민 통치까지 자행한 것으로 정말 한 하늘을 이고 살아갈 수 없을 정도로 원수다. 발해는 당나라를 두려워하기보다는 정면승부로 다스리려고 했다. 예를 들어, 발해를 건국한 고왕 대조영의 아들 대무예와 대문예가 벌인 한판 승부가 있다. 동생 대문예가 발해를 배신하고 당나라 편에 항복해서 발해를 정벌하자는 운동을 벌이자, 형 대무예(발해 제2대 왕 무왕)는 암살대를 당나라 수도장안 한복판까지 침투시켜, 대문예를 암살하려고 했던 것이다.

이처럼 발해와 당나라의 관계는 견원지간이었다. 앞서 고선지 장군 등 무예에 능한 사람들을 따로 1만 명이나(백제·고구려 유민들의 연합군으로) 형성해 저 멀리 서역에 원정 보낸 것도, 또한 약 4만 명 정도 되는 백제·고구려 유민들을 저 멀리 사천성이나 운남성에 내려보낸 것도, 모두 신흥국 발해, 즉 고구려 부흥 운동 세력과

연합하지 못하게 하려는 당나라의 치밀한 작전이었다. **이에 발해 문왕 대흠무 때의 대대적인 발전 양상과 안사의 난 이후 당나라의 쇠락 양상이 어째 그냥 우연으로 보이지 않는다.** 당나라의 쇠락을 염원하던 발해 세력이 돌궐족인 안녹산을 부추겨서 반란을 일으키게 한 것이 아닌가 하는 의심을 거둘 수가 없다.◆ 안녹산과 그 부장 사사명의 난, 그 미증유의 중국 재난의 핵심에는 양귀비라는 경국지색의 부정부패가 있었지만, 그 계기를 멋지게 낚아챈 안녹산의 배후에는 발해의 문왕이 있지 않았을까?

안녹산과 그 아들 안경서, 안녹산의 부장 사사명, 그리고 그 아들 사조의에 이르기까지 4명의 반란군 수괴에게 약 9년간 당한 반란의 결과는 처참했다. 당나라 전체 인구 중 3,600만여 명이 줄어들었다. 이것은 거의 재앙에 가까운 수치로 지방 관리들의 부정부패와 농민 인구의 학살, 약탈, 방화, 강간, 절도 행위로 인한 추가적인 피해는 더 말할 것도 없다. 이만한 희생을 불러온 중국 내의 사변으로는 후일 20세기에 중국 공산당 마오쩌둥에 의해 저질러진 문화대혁명이나, 19세기 중반에 청나라에 저항하는 민중혁명운동인 태평천국운동을 들 수 있을 것이다. 태평천국운동은 1억 명이 넘는 희생자를 기록해 국내혁명운동으로는 세계 최악의 평

◆ 문왕의 아버지이자 발해의 제2대 왕 무왕은 당나라 북쪽의 돌궐족과 거란족과 군사 동맹을 맺었다. 733년 무왕은 이들 군대와 함께 당나라 군대를 공격해 크게 이기기도 했다.

가를 남긴 운동이다. 서역 강토에 고구려 부흥 운동을 전개했던 고선지 장군 역시 당나라 관군 편에서 안녹산의 난을 진압하기 위해 싸우다가 환관 변영성의 누명 씌우기로 처형당한다. 발해 문왕이 안녹산과 양국충을 이간질해서 벌어진 중국사상 가장 악랄하고 처참했던 반란, 안녹산과 사사명의 난은 그렇게 당나라를 멸망으로 끌고 갔다.

九 | 세 번째 고구려,
이정기의 왕국 제나라를 아는가

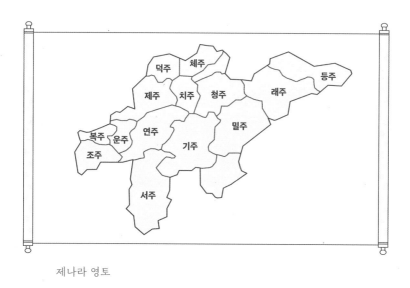

제나라 영토

첫 번째 고구려는 우리가 잘 아는 동명성왕 주몽이 세운 고구려이다. 두 번째 고구려는 대조영이 세운 발해이다. 그럼 세 번째 고구려라고 주장하는 저 지도상의 제(齊)나라의 정체는 무엇인가? 제나라는 이정기에 의해 AD 765년 건국되어 그 아들 이납, 그 아들 이사고, 이사고의 동생 이사도에 이르기까지 4대를 이어 819년까지 지속된 왕조이다. 이는 중국의 역사서 《구당서》와 《신당서》에 모두 기록된 내용이다. 엄연히 54년의 존속 기간이 전해지는 왕조였으며, 중국 수나라 양제의 최대 치적인 대운하의 가장 중요한 물류 구간을 54년 동안 장악하고, 안녹산과 사사명의 난 이후에 더욱 중요해진 대운하의 모든 것을 좌지우지했던 왕조. 그것이 제나라, 즉 제3의 고구려이다.

이 제나라의 원래 이름은 당나라의 치청, 다시 말해서 오늘날의 산둥성에 해당하는 지역이었다. 이정기는 과거 같은 고구려 유민이었던 후희일을 평로치청* 절도사로 추대하고 자기는 그 부장으로 있었던 사람이었다. 그런데 부하들의 추대로 후희일을 거꾸러트리고 자신이 절도사가 되었다. 그리하여 청주, 래주, 밀주를 차례로 장악하고 자신이 과거를 실시해서 문무백관을 뽑았다. 당나라는 속수무책일 뿐이었다.

이정기의 평로치청 번진**은 당나라의 수도 장안을 공격하기에 이르렀다. 당 덕종은 크게 근심하였다. 이정기는 당나라의 수

◆ AD 762년에 중국 산둥성 일대에 치주와 청주를 기점으로 주변 6개 주를 관할한 행정구.
◆◆ 당나라 때 절도사를 최고 권력자로 한 지방 지배 체제를 말한다.

송로인 대운하 영제거와 통제거를 모두 장악했다. 양자강 이남의 풍부한 물산을 강북으로 끌어 올리는 데 결정적인 역할을 했던 중국 고대 물류의 핵심인 대운하를! 안사의 난 이전의 강력한 당나라도 아니고, 안사의 난으로 전체 국민의 약 3,600만 명이나 희생당한 당나라로서는 도저히 저항할 힘이 없었던 것으로 보인다.

특히 복주와 조주, 운주의 중심 도시인 개봉부는 과거 금나라의 수도로서 상업과 물류의 중심 지역이었다. 이정기는 이 부분을 장악함으로써 영제거와 통제거가 하나로 만나는 낙양 바로 코앞까지 진출하였다. 이정기와 이납의 위세는 하늘을 찔렀다. 그러나 이정기가 등창이 번져 죽자 그의 아들 이납이 제나라를 칭하였다.

제나라는 염전의 천국이었다. 지금도 중국 소금의 대부분은 산둥성 지방에서 나온다. 제나라 해변가는 어딜 가나 소금을 말리고 염전을 개발하느라 정신이 없을 정도였다. 당시 소금은 화폐 이상의 가치를 갖고 있었다. 소금은 제나라를 구성하고 지탱하는 기

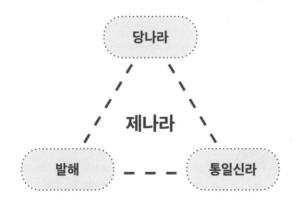

반 화폐의 지위를 가졌다. 또한 제나라는 지리적 위치상 당나라-발해-통일신라를 삼각형으로 연결하는 중계 무역을 담당했다. 어차피 대운하를 장악하고 있었기 때문에, 중국에서 해상 무역을 통해 발해와 통일신라로 나아가려고 해도 제나라를 거치지 않을 수 없었고, 거꾸로 발해와 통일신라의 입장에서도 각각 영제거와 통제거를 통해서 당나라로 들어갈 수밖에 없었다. 따라서 약 54년간 정말 높은 세금을 수시로 물면서 다녀야 했을 것이다. **이와 같이 3개국 간 중계 무역을 담당하면서 막대한 부를 쌓을 수 있었던 제3의 고구려 제나라의 번성은 오늘날 동북공정(東北工程)을 주장하는 중국 학계의 입을 싹 다물어 버리게 만들 수 있는 가장 좋은 예이다.** 다른 곳도 아니고 중국 본토 산둥성에 고구려계 유민들이 만든 제나라가 있었다는데. 그리고 당나라의 역사책인 《구당서》, 《신당서》에 모두 기록되어 있고(반란군으로 기록된 것도 아니고), 게다가 당당히 열전에 기록되어 있는 바. 이는 우리 민족사의 영광된 기록으로 남겨야 한다.

유득공이 발해의 역사를 기록한 《발해고》
(출처: 국립민속박물관)

통일신라 시대 바다의 신이라고 불린 장보고 장군은, 이 제나라의 해상 국력을 이어받아 신라원

(사찰)을 지어 법화원이라고 이름 지었다. 중국 산둥성 연태시에 있는 그 어마어마한 장보고의 석상을 보고 있노라면, 제나라 이정기를 연상할 수 있다.

2부

불편한
고려사

궁예의 철원 vs 왕건의 개성

 궁예는 본래 신라의 왕자로서 도리어 조국을 원수로 여기고 멸망시킬 것을 도모해 선조의 화상(畵像)을 베기까지 하였으니, 그의 어질지 못함이 극심하다. (중략) 그런 까닭으로 궁예는 그 신하에게 버림당했고… _《삼국사기》

삼국 시대라는 고대를 끝내고 고려 시대라는 중세 시대를 열기 위해서는 후삼국 시대라는 또 다른 투쟁의 시대를 거쳐야만 했다. 고려의 태조 왕건은 처음에는 왕이 될 팔자가 아니라고 스스로 굳게 믿고 있었다. 고려의 최대 무역항이었던 예성강 하류 벽란 나루터의 호족 왕건은 뛰어난 무예 실력과 해상 장악 능력으로 일찌감치 태봉왕 궁예의 신임을 받아 그 지역의 수장으로 자리매김했을 뿐, 왕위라니 언감생심 꿈에도 생각 안 한 단어였다.

통일신라 시대의 강역은 남으로는 한반도 남쪽으로부터 북으로는 황해도 북부까지였다. 이 강역이 신라 하대로 올수록 여러 개의 호족들이 나뉘어 통치하는 형식으로 바뀐다. 먼저 왕을 칭한 것이 후백제의 견훤이었다. 전라도 무진주(광주) 지방에서 유력한 호족 세력이었던 그는 가장 먼저 후백제를 건국(900년)하고 왕을 칭하였다. 그리고 901년 승려 궁예가 한반도 중부에서 왕을 칭하며 후고구려라고 이름을 지었다. 그는 이미 899년에 송악 즉 개성을 전면 수리하였고, 궁궐을 그곳에 위치하게 했다. 국호도 후고구려에서 마진국으로 고쳤다.

905년 수도를 송악에서 다시 철원으로 옮긴 궁예, 그는 도대체 왜 최근 정비를 마치고 궁궐까지 있는 송악을 버리고 굳이 철원으로, 청주 백성 1만여 명을 옮기기까지 하면서 갔을까? 이유가 뭔가? 다시금 상상력을 부추기는 기제가 된다. **이는 왕건이 중심 세력을 가지고 있는 해상의 중심 송악을 저버리고, 내륙 깊숙한 한강과 한탄강의 중심인 철원 지역으로 가서 새 세상을 열어 보이겠다는 의도와 다름없다.**

왕건은 903년, 저 아래 후백제의 최남단 나주 지방을 치열한 공격 끝에 궁예에게 가져다 바쳤다. 이 공격으로 그는 단숨에 후고구려의 제1장수 자리를 가져갔다. 왕건은 이후 약 10년간 나주 지역에 머물면서 국왕 궁예와 물리적 거리를 둔다. 이러한 왕건을 향한 질투, 그리고 왕건이 새 땅을 경영하는데 나라고 못 할 것이 있느냐 하면서 궁예가 벌인 일이 한반도의 중심이라고 일컬어진 철원 신황궁 개척이었다. 905년의 일이다. 이로써 궁예는 918년 6월 왕위에서 물러날 때까지 철원을 새로운 왕국의 수도로 삼았다. 이미 896년에 조촐하기는 하지만, 첫 왕국 후고구려의 수도로 정해진 바도 있었던 강원도 철원은 궁예의 중앙 집권 정책을 뒷받침해 줄 적소로 꼽혔다.

한편 나주에 간 왕건은 910년 후백제 견훤에게로부터 엄청난 공격을 받는다. 당연히 한 번은 치러야 할 전쟁이라고 생각한 왕건은 지역 호족들로부터 절대적인 지지를 받았다. 그가 상당한 덕망을 갖고 있던 것은 확실해 보인다. 나주 오씨를 비롯한 지역 호족 가문들이 일치단결해서 왕건의 편을 들었다.

이 전투에서 승리한 왕건은 914년 다시 한번 나주 수비전을 승

고려, 후백제, 신라

리로 이끌고, 후백제가 해상으로 중국 남조로 진출하는 것을 근원적으로 막아 버려, 후백제의 외교적 고립을 불러왔다. 이는 후백제가 후일 신라를 폭압적으로 정벌하게 되는 이유가 된다.

왕건은 약 10여 년의 나주 생활을 마치고 개성으로 돌아온다. 곧 철원의 궁예를 배알하고 그간의 회포를 푼다. 그런데 궁예는 예전의 궁예가 아니었다. 왕건의 업적과 신하들의 신망이 두터움을 질투하는 궁예였다. 불교 승려 출신인 궁예는 자신의 왕위를 위협하는 존재라면 그 무엇이든 없애 버리는 숙청의 달인이었다. 그는 인간 됨됨이가 그렇게 신중한 사람이 아니었다. 이는 후고구려, 마진, 태봉으로 계속 바뀌는 국호만 봐도 잘 알 수 있다. 905년에 옮긴 수도 철원은 그렇게 궁예의 철옹성이 되었다. 무엇보다도 철원은 물 부족 도시였다. 자체적으로 벼농사를 지어 인구를 먹여 살리는 데 결정적인 한계가 있는 도시였다. 이러다 보니 수도 철원의 쌀 가격이 폭등했다. 흉년이라도 오는 해에는 철원 주변, 아니 더 나아가 오늘날의 서울까지 나가도 쌀 구경을 하기 힘든 곳이었다. 이러니 수도 철원에 궁예왕의 명령으로 옮겨 온 충북 청주 지역의 농민들 1만여 명도 굶어 죽을 지경이었다.

또한 전국의 조세(租稅)를 실어서 날라야 했는데, 철원은 한탄강 물길이라는 천하에 몹쓸, 아무 강하고도 연결이 안 되어 있는 얕은 강줄기를 타고 있어서, 모두 육로로 실어 날라야 했다. 그 무거운 쌀과 각종 특산품들을 육로 가마로 실어 나르는 데에는 어마어마한 노동력이 필요했다. 그냥 개성 송악에 원래 있었더라면, 바다와 예성강 그리고 임진강과 한강을 통해 편하게 수로로 나르면 되었을 것을, 괜히 철원으로 옮겨 이 고생을 한다는 수많은 백성들과 호족들의 불평을 궁예는 들었다. 궁예는 폭발했다. 그래서 등장한 것이 관심법이다. (KBS 대하드라마 〈태조 왕건〉의 인기 대사이기도 했던) "누가 기침 소리를 내었는가?"라며 그 사람을 찾아 때려죽이는 궁예의 만행은 참으로 천인공노할 짓이었다. 그 모두가 철원으로의 수도 이전에 '나주를 개척한 왕건을 향한 강한 질투심'의 요소가 가장 컸기 때문이다. 비정상적인 행동을 일삼던 폭군 궁예는 결국 복지겸, 배현경, 홍유 등의 장군들에게 왕위를 찬탈당하고, 태조 왕건에게 왕위를 물려주는 소위 역성혁명을 당하게 된다.

십일 | 윤관 장군의 공험진과 동북 9성, 그리고 연해주?

 함길도 도절제사 김종서에게 전지하기를, "동북 지방은 공험령으로 경계를 삼았다는 말이 전하여 온 지 오래이다. 그러나 정확하게 어느 곳에 있는지 알지 못한다. 본국의 땅을 상고하여 보면 본진이 장백산 북쪽 기슭에 있다고 하는데 역시 사실인지 모르겠다. 《고려사》에 '윤관이 공험령에 비석을 세워 경계를 삼았다' 하였다. 지금 듣건대 선춘점에 윤관이 세운 비가 있다 하는데, 본진이 선춘점의 어느 쪽에 있는가, 그 비문을 사람을 시켜 찾아볼 수 있겠는가. 그 비가 지금은 어떠한지, 만약 길이 막히어 쉽사리 사람을 시킬 수 없다면 폐단 없이 탐지할 방법을 경이 익히 생각하여 아뢰라. 또 듣건대 강 밖에 옛 성이 많이 있다는데 그 곳에 비갈(碑碣)이 있지 않을까. 만일 비문이 있다면 또한 사람을 시켜 등서(謄書)할 수 있는지 아울러 아뢰라. 또 윤관이 여진을 쫓고 9개의 성을 설치하였는데, 그 성이 지금 어느 성이며, 어느 쪽에 있는가. 거리는 얼마나 되는가. 듣고 본 것을 아울러 써서 아뢰라" 하였다. _《세종실록》

고려 예종 때의 윤관 장군은 우리나라 8대 명장*에 속하는 최고의 장수이다. 그의 생애를 보면 혀를 내두르게 된다. 북방 여진족의 동태가 심상치 않다는 한 변장의 긴급 보고를 접하고 여진족 토벌을 주창해서 별무반(別武班)을 만들어 함경도 개마고원 쪽으로 치고 올라간 때의 나이가 무려 67세. 고려 시대에 67세라고? 그 옛날에? 그것도 아이디어만 내고 안 올라간 것이 아니라, 실제로 동북 9성을 개척하기까지 했다. 여기에서 무신 척준경이 윤관의 여진 정벌에 따라간 이유에 대한 답이 나온다. 윤관 장군 본인이 너무 늙어서 1:1 상황에서는 힘을 쓸 수 없으니, 최강의 아바타를 하나 데려가는 것이 유리하다는 판단하에 함께 갔다고 볼 수 있다. 따라서 윤관 장군을 이야기할 때에는 반드시 척준경 장군도 함께 이야기해야 한다.

함주·영주·웅주·길주·복주·공험진·통태진·진양진·숭녕진. 여진 정벌군의 원수 윤관 장군은 이 듣기만 해도 험준한 곳에 9개의 진을 세워 남측의 백성들을 옮겨 살게 했다. 그런데 이 동북 9성

◆　광개토대왕, 을지문덕, 양만춘, 이순신, 윤관, 강감찬, 최영, 이성계.

이 세워진 뒤 고작 2년이 지난 1110년, 여진족들은 제발 동북 9성을 돌려 달라고 고려 왕실에 애원을 했다. 이런 와중에 고려 왕실이 결국 돌려주기로 하는데, 그 이유는 '너무 멀어서 효과적으로 관리하기가 힘들다'라는 것이 주종을 이루었다. '너무 멀어서', 이게 상상력의 포인트가 된다. 아니, 상상력이 아니라 역사적 사실 (史實)의 포인트가 된다.

도대체 동북 9성의 정확한 위치는 어디쯤인가? 9개의 군진을 설치했다면 어디 어디가 9성인지를 알아야 하는데, 우리 역사학

동북 9성의 위치에 대한 여러 설

계는 아직도 확정을 짓지 못하고 있다. 첫 번째 이유는 현재 동북 9성의 소재지 대부분이 우리의 적대 국가인 북한 땅이라는 점이고, 두 번째 이유는 우리 스스로의 자학(自虐) 사관이다. 우리 역사를 항상 과소평가하고, 삼국 통일 이후의 우리 역사는 중국 땅을 조금이라도 침범해서는 안 되며, 특히 근현대 이후로는 과거의 역사라 할지라도 한반도 안에서 조용하고 얌전하게 있어야 한다는 희한한 논리 때문이다.

대한민국 고려사 연구의 주류 학계에서는 동북 9성을 함경남도 함흥평야 일대의 9진으로 분석하고 말아 버린다. 아니, 나 원참 이해가 안 되네. 세상에 함흥평야 일대의 그 좁디좁은 구역을 개성에서 너무 멀어서 관리를 하기 힘들다고 여진족에게 도로 내어 준다고? 이걸 이해하라고? 아니, 절대 못 한다. 우리나라 5,000년 역사상 최강의 소드 마스터로 불리는 척준경 장군의 무예 실력을 뭘로 보고 그런 소리를 지껄이는가? 공험진으로 경계를 삼았다는 《세종실록》을 보고서도 그 소리가 나오는가? 공험진으로 북쪽 경계를 삼았다는데, 그 위치가 어디인지 묻는 세종대왕의 다급한 목소리가 느껴지지 않는가? **두만강까지를 조선 국경으로 삼았던 세종대왕의 경우, 두만강 아래라면 저렇게 묻지도 않는다. 그 위이기 때문에 저렇게 다급하게 김종서 장군을 휘몰아치고 있는 것이다.** 다시 말해서 지금 연해주 지방의 도시인 우수리스크 근처가 공험진이 있는 경계선인 것이다. 위로는 공험진과 거양성을 이어 주는 일직선이 경계이고, 아래로는 영주로 경계하는 것이 《세종실록》에 있는 기록에 가장 부합하는 선이다.

몽골이 불태운 황룡사 9층 목탑, 그에 맞선 팔만대장경

 또 해동의 명현(名賢) 안홍이 편찬한 《동도성립기》에 다음과 같이 말한다. "신라 제27대에 여왕이 왕이 되니 도(道)는 있으나 위엄이 없어 구한(九韓)이 침략하였다. 만약 용궁 남쪽 황룡사에 구층탑을 세우면 곧 이웃나라의 침입이 진압될 수 있다. (중략) 또 고종(高宗) 25년 무술(1238년) 겨울에 몽고의 병화로 탑, 장육존상, 절의 전우(殿宇)가 모두 타 버렸다. _《삼국유사》

경상북도 경주에 있던 황룡사지. 이곳이 그대로 남아 있었더라면 당연히 우리나라의 국보가 되었을 것이고, 대한민국 불교의 모든 센터가 되었을 것이다. AD 550년대 진흥왕 때에 기획되어 백제의 기술자 아비지를 초청해 와서 기획과 뼈대를 잡았고, 무려 90년이 지나 640년대에 이르러 완공을 본 한국 고대사 최대의 건축물.

완벽한 예술미와 고전미까지 갖춘 신라 고대 불교의 완성형 문화재이다. 이 황룡사의 대웅전, 그 안에 모셔진 불상인 장육존상의 존재만으로도 압도적인데 거대한 9층 목탑까지 이야기가 전개되면 대부분의 사람들은 놀란 입을 다물지 못한다.

중간에 몇 번의 중수와 완전 리모델링을 거쳤지만, 경주의 랜드마크이자 더 나아가서는 아시아 불교의 센터 같았던 황룡사는 견훤의 경주 복수 공략에도 끄떡없었다. 그러나 흉악한 몽골은 경주의 황룡사와 분황사까지 모조리 불태웠다. 몽골은 황룡사를 불태워 버리기 위하여 경주까지 밀고 들어왔다. 1224년 11월 몽골에서 고려로 왔던 사신 저고여가 돌아가다가 압록강 근처에서 피살된다. 이 사건은 진범이 누구인지 아직까지도 풀리지 않는 미스터리다. 이 책임을 묻기 위해서 몽골은 다시 사신을 파견하는데, 이 사신이 매우 건방지게 굴었던 모양이다. 이를 다시 고려가 죽여 버리니, 몽골군은 그 책임을 물어서 침공을 결의하게 된다.

1231년(고종 18년) 몽골은 사신 피살을 구실로 고려를 침공한다. 1차 침공이다. 1차 방어선 함신진의 태수는 몽골에 귀순해 버리고, 2차 방어선 철주군의 태수는 사력을 다하여 싸웠으나, 결국 힘에 부쳐 자결해 버린다. 3차 방어선에서는 박서 등의 활약으로 귀주성에서 몽골군을 물리쳤으나 그때뿐, 황해도 동선역 전투에서 패배, 군사의 태반을 잃었다. 결국 고려 조정은 72명의 다루가치(민정 담당자)를 고려에 두는 조건으로 몽골의 군사를 물리게 한다.

2차 침입은 다루가치 전원을 고려 조정이 붙잡아 살해해 버리는 바람에, 또한 고려의 무신 정권 집권자 최우가 강화도로 고려 조정을 후퇴시켜 버리는 바람에 개경으로 천도할 것을 강력하게 요청하면서 일어난다. 살리타이를 수장으로 하는 대규모 몽골군은, 경기도 용인시 처인부곡에서 승려 김윤후가 그 수장을 죽임으로써 물러나게 된다. 문제는 그 후에 일어난다.

수장 탕구타이가 이끄는 대규모 몽골 부대가 1235년에 우리나라를 쳐들어온다. 몽골이 남송을 치는 길에 배후인 고려를 함께 치는 방식을 택한 것인데, 이 전쟁에서 약 4년 동안 탕구타이는 전 고려를 휩쓸면서 다닌다. 우리 국토는 철저하게 유린당했다. 개천, 온양, 죽주, 대흥(충청남도 예산) 등지에서 고려군에게 패배를 당하면서도 계속해서 노략질하며 다녔는데, 바로 이때 몽골군은 경주를 침략해 황룡사와 분황사를 계획 방화한 것이다. 동아시아 불교 문화재 넘버원이 허망하게 사라진 이 분통함에 전 고려는 새로운 희망을 쏘아 올렸다. 바로 팔만대장경이다. 왕과 최우 정권이 강화도로 피난 간 상황에서 몽골군이 강화도를 침략하지 못하니, 이를 이용해 불에 타 버린 황룡사를 대신하여 팔만대장경을 만들기 시작한 것이다.

고려 팔만대장경
(출처: 한국저작권위원회)

지금 합천 해인사에 있는 그 팔만대장경이다.

황룡사에 있던 모든 전각들과 황룡사에 있던 모든 불교의 문화재들 특히 9층 목탑이 사라진 것은, 세계에서 가장 훌륭한 불교 문화재가 사라진 것과 다름없다. 과거 아프가니스탄 전쟁 때에도 바미안의 대불을 이슬람 원리주의 탈레반이 로켓포를 동원해서 파괴한 잔인한 역사가 있는데, 딱 그 꼴이다. 9층 목탑의 안쪽 면에는 불교 경전이 그림으로 표현되어 있었다고 한다. 그 그림들은 아래 하층부부터 위에 최상층부까지 점점 올라가면서 점증법으로 그려져 있었다.

바미안의 대불은 2개로 서쪽 것이 55미터, 동쪽 것이 38미터이다. 그냥 석불이 하나 부조(浮彫) 기법으로 서 있는 것이다. 황룡사 9층 목탑은 무려 80미터 높이에, 안팎으로 엄청난 예술 작품들을 휘감고 있었다. 원나라 2대 대칸 우구데이는 경주 황룡사를 모조리 불 질러 흔적을 남기지 말라고 명령했다. 신라 시대 통일의 그날을 바라며 90년 동안 계속 건축했던 세기의 작품 황룡사 9층탑. 자국의 침략을 3번이나 받아도 무너지지 않는 고려의 웅대한 전투 혼을 어떻게든 꺼 버리고 싶었던 몽골 칸의 비참한 선택이었다.

十三 | 조선 왕조 시작의 계기가 위화도 회군만이 아니다?

 남원으로 향하여 운봉현을 불사르고 인월역에 진을 쳤다. 장차 광주의 금성에서 말을 쉬게 한 후 북쪽으로 올라가겠다고 큰소리치니 나라 안팎이 크게 동요하였다. 태조가 천리 사이에 넘어진 시체가 서로 잇대어 있음을 보고는 이를 가엾게 생각하여 편안히 자거나 밥을 먹지 못하였다. _《태조실록》

지금의 전라북도 남원과 그 바로 위 임실 그리고 또 그 바로 위 진안군은 조선 이성계에게는 성지(聖地)이다. 왕조 시대의 왕은 그 나라의 종교 수장을 겸하는 것이었기에, 조선 왕조 개창에 이 세 지역이 혁혁한 공을 세웠다고 해도 과언이 아니다. 그런데 고려 말의 이성계가 조선을 건국하게 된 계기로 많이 알려진 장소는 바로 위화도 아닌가? 위화도는 지금의 평안북도 위화면에 속하는 섬으로 압록강 하구에 있다. 이 섬은 위화도 회군*으로 유명한 곳이고, 조선 시대 역사를 공부한 사람들은 이성계가 이 위화도 회군으로 사실상 조선 왕조의 서막을 알렸다고 믿는다. 그런데 1380년 음력 8월의 《태조실록》 기사에서 알 수 있듯이, **조선 왕조의 시작을 알린 것은 사실 그보다 이전에 일어난 남원의 황산대첩이다. 이것을 알아야 한다.**

당시 고려에 쳐들어온 왜구의 기세는 사실상 1592년 임진왜란을 능가하는 전력이었다. 그들이 고려를 침략한 이유는 오로지 먹고살기 위해서였다. 일본의 농업 생산은 잇단 가뭄으로 최악으로 치닫고 있었다. 오로지 양식을 얻기 위하여 쳐들어온 것치고 너무 많은 병력이 들이닥쳤다. 왜구들은 닥치는 대로 약탈하기 시작했다. 고려의 병력은 애초에 9인의 장수를 보내 이를 진압하려고 했으나, 아지발도라는 (16세가량의) 어린 장군이 이끄는 왜구들은 거침이 없었다. 이참에 고려를 망하게 하고 한반도 남부에 새로운 나라를 세우려고 작정한 것 같았다. 지금의 전라북도 남원에 자리 잡고, 고려군을 농락하던 아지발도와 왜구들은 군산과 부안 사이의 앞바다인 진포에 매어 놓았던 자기네들의 배가 최무선의 화약으로 전소되었다는 사실을 접하고 더욱 미쳐 날뛰기 시작했다. 본국으로 돌아갈 자신들의 수단이 전무해졌다는 것을 알고 오히려

◆　고려 말기인 1388년에 명나라의 요동을 정벌하기 위해 출정했던 이성계, 조민수 등이 위화도에서 군사를 돌려 우왕을 폐위하고 권력을 장악한 사건이다.

더욱 공격적으로 나왔다.

　고려 조정은 양계 절도사로 있던 이성계를 총사령관으로 삼았다. 그리고 왜구를 소탕케 했다. 동북면 병마사 이성계를 전라도로 내려보낼 때는 상당한 각오를 해야 했다. 이성계가 왜구를 물리칠 경우 너무 큰 성과가 그에게 주어지는 것이고, 왜구를 물리치지 못한다면 고려가 절체절명의 위기에 빠지기 때문이다. 그래도 마지막 선택은 이성계였다. 이성계는 고려 최고의 무장답게 아지발도가 쓴 투구의 끈을 화살을 쏴서 떨어트려 버렸다. 그리고 그 틈을 타서 이성계의 의형제 동생인 이지란이 마무리했다. 아지발도의 죽음에 왜구들은 깊은 슬픔에 빠졌다. 이 전투에서 전사한 왜구의 피로 강이 물들어서 근 일주일이나 물을 마시지 못할 정도였다고 하며, 포획한 말이 1,000여 필이었고 병장기는 헤아릴 수 없이 많았다고 한다. 그 전투를 벌인 곳이 황산이라고 불리는 곳이었고, 지금의 전라북도 남원이었다고 한다. 처음에 전투를 벌일 때엔 왜구 병사 수가 고려 병사보다 10배는 많았다고 하는데, 싸움을 마칠 때에는 겨우 70여 명이 살아남아 남원 뒤에 있는 지리산으로 도망쳤다고 한다.

　이성계는 이 황산대첩의 극적인 승리로 말미암아 일약 고려의 정치 스타로 급부상했다. 이성계 옆에서 그를 왕위에 올리기 위해 노력한 무학대사는, 개경으로 올라가는 길에 남원 바로 위에 있는 전라북도 임실군 상이암이라는 절에 들르라고 말한다. 이는 이성계에게 새로운 운명이 밀어닥치고 있음을 알려 주는 것이었다. 바로 새로운 왕조의 왕이 되는 것이었다. 왕씨 고려를 밀어내고 자신의 새로운 왕조를 여는 것. 그것이었다. 상이암에 가는 게 왜 이런 거창한 역사를 암시하느냐 하면, 고려 태조 왕건이 백일기도를 드린 곳이 바로 상이암이기 때문이다. 당시 왕건은 도선국사의 주선으로 백일기도를 드린 후 하늘로부터 고려 건국의 계시를 받았다고 전해진다. 동일한 이유였다. 무학대사는 이성계에게 올라가는 길에 임실의 상이암에 묵으면서 치성을 드리라고 권했고 이성계가 실행에 옮기니 하늘로부터 "앞으로 왕이 되리라" 하는 소리가 들렸다고 한다.◆

진안 은수사의 청실배나무
© Steve46814 (Wiki Commons)

그렇게 임실군에서의 여정을 마친 이성계는 올라가는 길에 진안군에 이르러 은수사라는 절에 머물게 된다. 이곳에서 치성을 드리던 이성계 앞에 또다시 기적이 나타난

◆ 《태조실록》에 의거한 내용이다.

다. 그의 꿈에 신선이 나타나 "이 금척(金尺, 금으로 만든 자)으로 삼한 강토를 다스려 보아라"라고 했다고 한다. 이른바 몽금척의 기적이다. 새로운 왕이 될 것이라는 계시를 받은 셈이다. 그 후 이성계는 은수사에서 다시 한번 백일기도를 드리면서, 기도를 마쳤다는 의미로 청실배나무를 심었다 전해진다. 수령이 650년이 되는 청실배나무는 지금도 은수사 앞에 자랑스럽게 서 있다.

十四 | 공자의 유학 vs 한무제의 유교 vs 주자의 성리학

 이 장은 역사 철학 평설이므로 사료가 없음을 밝힌다. 역사와 철학을 함께 버무려서 논평하는 것을 말한다. 이는 철저하게 내가 역사를 바라보는 철학 이야기를 하는 것이다.

1388년 5월 22일 요동 정벌을 위해 출병했던 이성계가 압록강 하구 위화도에서 말 머리를 돌려 회군했다. 곧바로 개경을 향해 돌진했다. 이성계는 딱 4년 뒤에 고려에서 조선으로 새 왕조를 열었다. 이로부터 거꾸로 5년 전 1383년 가을 이성계는 함북에 있을 때, 자신을 찾아온 정도전을 버선발로 맞았다. 1384년 여름에도 이성계는 다시 함흥에 있으면서, 멀리서 찾아온 정도전을 또다시 버선발로 맞았다. 둘 사이의 만남은 고려를 무너트리고 조선을 세우는 역성혁명의 시작으로 보는 게 맞다. 둘은 만나서 무슨 이상을 교환했을까? 과연 처음부터 역성혁명을 꾀했을까? '군주는 이성계 장군이 하시오. 나는 재상을 맡겠소'라고 정도전이 말했을까?

조선 시대의 지배 이념은 모두가 알듯 유교이다. 이성계와 정도전은 불교 국가 고려를 무너트리고 유학을 새로운 국가 이념으로 삼아 조선을 건국한 것이다. 그런데 이 유교에는 세 가지 종류가 있다는 것도 알고 있는가? 그 세 가지 중 어느 유교를 조선이 받아들였는가 말이다. 세 가지 유교란 먼저 공자의 유학, 두 번째가 중국 한나라 시절 무제의 유교, 그리고 마지막이 중국 남송 시절에 주자의 성리학을 말한다. 조선의 유교는 이 셋 중 무엇이었으며 어떤 스토리를 가지고 있을까?

공자의 유학
생애 BC 551~479년
➡
한무제의 유교
재위 BC 141~87년
➡
주자의 성리학
생애 AD 1130~1200년

첫째로 공자 시절의 유학을 살펴보자. 춘추 전국 시대 노나라 시절의 유학을 뜻하며, 이는 인간이 만물의 영장으로서 기준으로 삼아야 할 모든 예학을 정하는 것을 말한다. 이처럼 인간이 마땅히 해야 하는 행동과 사상은 13경으로 대변되는 경전으로 공자가 모두 집대성하고 편집했다. 《논어》, 《맹자》, 《시경》, 《서경》, 《역경》, 《주례》, 《의례》, 《예기》, 《춘추 좌씨전》, 《춘추 공양전》,

《춘추 곡량전》, 《이아》, 《효경》의 13경이다. 세 가지 유교 모두 경전은 모두 이 13경에서 출발한다. 거의 동일하다. 그런데 달라지는 것이 하나 있다. 그것은 주소(註疏)이다. 각 경전을 구절구절마다 해설해 놓은 것이 있는데 이 부분이 달라진다는 것을 의미한다. 공자의 시대만 하더라도 BC 6세기이다. 한무제의 시대는 BC 141~87년의 54년 동안이다. 둘 사이에만 무려 450년 이상이 흘렀다. 당연히 공자 시절에 써 놓은 경전 구절이 까마득한 과거 이야기가 되어 그때 당시의 '요즘 것들'에게는 전혀 먹히지 않는 이야기가 된다. 여기서 등장하는 것이 주소이다. 그 시대의 사람들에게 자연스럽게 이해될 수 있도록 해설해 주는 것이다.

그런데 BC 213년에 진나라 시황제가 유교의 경전을 전부 불태워 버리고, 유학자들을 모두 땅에 생매장하는 만행을 저지른다. 바로 분서갱유(焚書坑儒)이다. 이 황망한 사태에 지방에 있는 사람들은 모두 유교 경전을 숨긴다. 세월이 흘러 한나라가 들

분서갱유를 묘사한 그림

어서고 유방이 황제가 되자, 유교가 다시 국가 이념으로까지 채택되기 직전에 금고문 논쟁에 맞닥뜨린다. 예전에 불태웠던 경전들을 되살리는 과정에서 요새 새롭게 나타나는 유학 경전이 맞느냐 아니면, 옛날 지방에 있었던 사람들이 자기 집 안에 철저하게 숨겼던 예전 경전이 맞느냐를 가지고 치열하게 싸운 사건이다. 다 공개해서 무엇이 맞고 틀린지 맞춰 보자 했더니, 모두가 다르더라는 황당한 사건. 여기에 집중한 학자들을 훈고학자(訓詁學者)들이라고 정리할 수 있다.

세월은 흘러 주자의 성리학의 시대가 왔다. 주자는 남쪽 송나라 사람이다. 생애 대부분을 복건성 즉 푸젠성에서 보낸 사나이다. 송나라는 원래 양자강을 경계로 강북과 강남을 모두 다스렸던 천하의 패자였으나, 원나라에게 강북 지방을 빼앗기고, 다시 강남 지방까지 모두 빼앗긴 가장 문약(文弱)한 나라이기도 했다. 이 패배의 원인이 뭘까? 도대체 무엇이 이렇게 문약한 나라를 만들었는가? 이에 송나라는 13경의 유교 경전을 대폭 간소화한다. 《논어》와 《맹자》는 그대로 두되, '대학'과 '중용'만을 《예기》에서 따로 빼 와서 사서삼경만을 읽는 간소화 운동을 일으킨 것이다. 거기에 《논어》, 《맹자》, 《대학》, 《중용》, 《시경》, 《서경》, 《역경》 7개의 경전을 장구(章句)로 하나하나 나누어 거기에 주소를 일일이 달아서 무려 1800년 전에 공자와 맹자가 남기고 간 저서를 오늘날에 펄떡펄떡 살아 숨 쉬게 만들었다. 주희는 주자라고 불리며, 당대에는 탄압받기도 했지만, 기존의 미신에 가까웠던 여러 유교적 천인감응 사상을 타파해 버린 것도 큰 성과라고 할 수 있다.

조선 시대 유교는 당연히 주자 성리학의 유교였다. 후일 19세기 초엽 흑산도로 유배를 간 정약전은, 조선 땅에서 이렇게나 멀리 떨어져 있는 흑산도에서 글공부한다는 사람조차 주자 성리학을 놓고 공부한다는 소리에 "주자는 정말 힘이 세구나"라고 자조 섞인 비평을 내놓을 정도로, 조선에서는 주자 성리학을 공부하지 않으면 관직에 나갈 수도 없었고, 사문난적 소리를 듣기 십상이었다. 조선은 유교 경전의 간소화와 미신 타파 그리고 불교적 교리까지 주소에 담은 제3의 유학인 주자 성리학을 선택하였고, 그것은 지금까지도 다른 학문들을 제치고 국가 근간 학문을 형성하고 있다.

3부

불편한
조선사

十五 세조의 칼날에 맞선 순흥 안씨의 비극

 이유가 말하기를, '마땅히 다른 날 이를 주겠다'고 하였습니다. 노산군이 영월로 내려갔다는 것을 듣고, 거짓말하기를, '유모 소비가 내 첩자 오을망을 발로 차서 거의 죽게 되었으므로, 이보흠과 중재를 청하여 들여 이를 신문(訊問)하기를 청한다'고 하고, 인하여 이르기를, '군주가 욕을 당하면 신하는 죽어야 하는데, 내가 어찌 앉아서 죽음을 기다리겠는가? 청컨대 공은 군병을 모아서 나와 더불어 오늘 밤에 곧장 영천을 공격하여, 영천에서 호응하지 않으면 군법으로 종사하고, 즉시 안동으로 향하면, 안동은 나의 가동이 모여 사는 곳이므로 2, 3천의 병사는 얻을 수 있을 것이니, 이를 호령하면 누가 감히 따르지 않겠는가?' _《세조실록》

우리 모두가 아는 단종애사(端宗哀史, 단종의 슬픈 이야기). 1457년 겨울 강원도 영월군 관아에서 조선의 제6대 임금 단종이 고작 열여섯의 나이에 저세상으로 간 사건, 그것도 삼촌 수양대군에 의해 사약을 받아 마신 후 비통하게 가 버린 사건이다. 이 사건은 너무 어린 나이에 왕위에 오르게 되면, 주변의 질투가 거세게 작용하여 빨리 세상을 버리게 된다는 식으로만 우리에게 알려져 있다. 단종은 11세에 임금 자리에 올라 3년을 재위하고 2년간 상왕(上王)으로 거의 유명무실한 역할을 담당하다가 영월로 유배되어 비참하게 죽었다. 이 과정이 이렇게 순탄하게 흘러갈 리가 있겠는가? 아무리 수양대군이 광포한 성격의 소유자라 한들, 그렇게 술에 술 탄 듯 물에 물 탄 듯 흘러갈 리가 있겠는가? 거기에는 순흥 안씨의 비극이 있었다.

세종대왕의 장남인 문종의 첫째 아들 단종이 왕위를 계승하고, 김종서와 황보인의 보필을 받아 정사를 진행하던 중, 수양대군이 "왕이 너무 어려서 조선 왕조의 지속성을 보장할 수 없다"라는 명분하에 저지른 왕위 찬탈 사건. 그것이 1453년 계유정난이다. 조선은 건국된 지 62년 만에 엄청난 파국의 소용돌이에 거의 먹혀 버렸다.

한명회와 권람, 신숙주와 홍윤성 그리고 양녕대군 등이 주모했던 이 계유정난에 정의의 사나이는 사육신과 생육신이었다. 성삼문, 하위지, 이개, 박팽년 등이 끝까지 수양대군의 치세에 올라타지 않고 단종에 대한 절개를 지킨다. 죽은 충신이 여섯 명이라 하여 사육신, 죽지 않고 김시습처럼 산천을 떠돌며 불교에 귀의하는 등의 충신 또한 여섯 명이라 하여 생육신이라고 불린다. 그리고 왕실 종친으로서 여섯 명의 충성스러운 친(親) 단종파가 있었으니 육종영이라고 불렀다. 그 육종영 중, 앞의 실록 기사에 나오는 '이유'는 누구인가?

경상북도 영주시에 가면 순흥면이라고 불리는 동네가 있다. 이 동네의 유력 집안은 순흥 안씨이다. 순흥 안씨는 후일 안중근, 안창호 두 대한민국장 수상자를 배출한 최고의 명문 소론 가문이다. 이 순흥 안씨가 거의 멸문지화를 당했던 사건이 앞서 말한 계유정난이다. 세종대왕은 소헌왕후 심씨로부터 대군 8명을 봤다. 8명 중 제6남이 금성대군이고 그의 이름이 바로 이유이다. 그는 역사상 큰 발자취를 하나 남기는데, 단종 복위 운동이다. 세조에 의해 왕위 찬탈이 일어난 직후, 금성대군 이유는 모반 혐의로 경기도 삭녕군에 첫 번째 유배를 간다. 그리고 다시 경기도 광주로 두 번째 유배를 떠난다. 세 번째 유배지가 경상북도 순흥이었다. 과거 단종 1년 때에 수양대군에게 반기를 들어 사사당했던 형 안평대군의 뒤를 이어, 금성대군은 또다시 칼을 뽑아 들었다.

남한강 상류의 충북 단양에 위치한 여행 명소 도담삼봉. 그 역사적 장소 앞에서 우리는 신기하게 솟은 3개의 산봉우리를 보고 감탄만 하고 있지 않은가? 필자는 그 앞의 모래사장을 보고 의미

심장한 표정을 짓게 된다. 상상의 나래를 펼쳐 보자. 피끝마을[*] 전설이 있다. 한명회에 의해 순흥 안씨 수백 명이 목이 잘린 사건. 도담삼봉 앞 모래사장에는 순흥 안씨 집안의 사람들이 무릎을 꿇고 오랏줄에 묶인 채로 자신의 운명을 기다리고 있었다.

"너희들은 조선 국왕의 신하들로서 어떻게 국왕에게 반기를 들 수 있는가? 내 너희들의 목숨을 즉시 거두어야 할 것이나 특별히 한 번 기회를 줄 것이니, 누구 한 사람이라도, 이 잘못을 반성하는 자가 있다면, 너희 모두를 살려 줄 것이다. 만약 단 한 명도 반성하지 않는다면, 너희 모두를 죽일 수밖에 없음도 알려 준다. 자, 이제 어떻게 할 것인가?" 이 말을 한 자는 한명회이다.

한명회는 한두 명이라도 잘못했다고 울부짖을 줄 알았을 것이다. 그런데 그다음 순간 한명회는 깜짝 놀랐다. "네 이놈, 한가 명회야. 일찍이 대행대왕(세종)께옵서, 자신의 손자의 운명을 부탁한 바, 우리 모두 단종 폐하께 충성을 맹세하였느니라. 네놈이 현 금상을 시켜 불법적으로 왕위를 찬탈한 바, 우리는 죽어도 단종 폐하를 모실란다."

죽음을 각오한 그 길에 두려움은 없는 듯했다. 모두 죽일 수밖에 없었다. 죽음 앞에서도 순흥 안씨 사람들은 잘못을 빌지 않았

---

[*] 금성대군과 순흥 부사 이보흠의 단종 복위 거사가 실패하자, 세조의 최측근 한명회는 군사를 끌고 순흥에 와서 이들과 인근 백성들을 죽였다. 죽은 이들의 피가 죽계천을 타고 수 킬로미터를 달려 멈춘 곳이 영주시 안정면 동촌 1리이며 이 마을은 피끝마을로 불리게 되었다.

영주 금성대군 신단
ⓒ 영주시 (출처 : 국가유산청)

다. 오히려 떳떳하게 웃어 가면서 노산군으로 이미 강등된 단종에 대한 충성만을 맹세하지 않았던가! 시체가 버려진 남한강 상류는 강의 흐름이 며칠간 중단되었을 정도로 처참했다고 한다. 순흥 안씨의 고향 순흥면은 이때 큰 타격을 입었다. 단종이 뛰어나서 저들이 저렇게 단종을 임금으로 모시려고 했던 일만은 아니다. 선비의 대쪽 같은 성품들이 집단화된 것도 있을 것이다. (사육신과 생육신 그리고 육종영을 마주한 한명회는 그날 이후로, 밤에 제대로 잠을 자지 못할 정도로 깊은 트라우마가 생겼다.)

세조는 자신의 동생이라고 해서 그냥 두지 않았다. 안평대군과 금성대군의 재산은 국고로 환수하고, 처첩과 딸은 모두 계유정난 공신의 소유로 분배하였다. 가까운 친척은 모두 죽이거나 귀양을 보냈고, 먼 친척들은 모조리 노비로 삼았다. 세조는 철저하게 반란군을 죽이거나 혹은 사람 구실을 못 하게 만들어 놨다. 이들의 억울함을 신원한 것은 조선 후기 숙종 때에나 이루어졌다.

十六 | 조선의 천재 율곡 이이, 10만 양병설의 시작

 이이가 일찍이 경연에서 '미리 10만의 군사를 양성하여 앞으로 뜻하지 않은 변란에 대비해야 한다'고 말하자, 유성룡은 '군사를 양성하는 것은 화단을 키우는 것이다'라고 하며 매우 강력히 변론하였다. 이이는 늘 탄식하기를 '유성룡은 재주와 기개가 참으로 특출하지만 우리와 더불어 일을 함께 하려고 하지 않으니 우리들이 죽은 뒤에야 반드시 그의 재주를 펼 수 있을 것이다' 하였다. 임진년 변란이 일어나자 유성룡이 국사를 담당하여 군무(軍務)를 요리하게 되었는데, 그는 늘 '이이는 선견지명이 있고 충근(忠勤)한 절의가 있었으니 그가 죽지 않았다면 반드시 오늘날에 도움이 있었을 것이다'고 하였다 한다. _《선조수정실록》

선조 15년(1582년) 9월 1일의 위 문헌에 기록된 소위 '정병 10만의 양병설'은 과연 진실일까? 서인 사계 김장생에 의해 인조반정 이후에 편찬이 시작되어, 효종 대에 끝을 본 《선조수정실록》에 나오는 이 이야기는 결론부터 이야기하자면, 사실이다. 율곡 이이는 진짜로 정병 10만을 양성하자고 했다. 다만 서인의 동인 때리기, 즉 서인 김장생이 동인 유성룡을 정치적으로 비판하기 위하여 유성룡이 율곡 이이의 10만 양병설에 부정적이었다고 썼을 뿐이다. 그러나 대학자인 율곡 이이가 그런 당파 싸움에 관심이나 있었겠는가? 율곡 이이 선생의 학문과 정치의 여정에 무슨 차별이 있었겠는가? 10만 양병 이야기는 율곡 이이의 인생 전반에서 이미 드러나고 있었을 것이다.

1548년, 율곡 이이는 13세 때 진사 초시에 장원 급제를 하면서 이름을 날린다. 오늘로 치면 초등학교 6학년생이 고위 공무원 시험에 1등으로 합격한 셈이니, 정말 대단한 성과다. 그는 이후 불교에 잠깐 귀의하였다가 환속한 후 치른 8번의 과거에서 모두 장원 급제하는 불세출의 기록을 세운다. 이른바 9도 장원공이다. 29세 때까지 계속해서 식년 문과에까지 1등을 하자 전국이 들썩였다. 길가에 지나갈 때면, "9도 장원공 지나간다~" 하면서 아이들까지도 손 한번 잡아 보지 못해서 안달일 정도였다. 그러다가 1567년 양자 임금 선조가 등극한다. 16세짜리 아주 어린 임금이었다. 영의정 이준경, 예조판서 이황이 서로 정책의 갑론을박을 주고받으며 임금을 도왔다. 그때였다.

앞선 대행대왕 명종 대 그 모후인 문정대비의 권세는 하늘을 찔렀다. 그에 덩달아 그 남동생인 윤원형과 그 부인 정난정의 기세 또한 하늘을 찔렀다. 나는 새도 떨어뜨리는 권세로 부정부패를 일삼았다. 이 윤원형이 1565년 11월에 자살로 생을 마감했다. 1565년 문정대비가 죽자 그 역시 갑작스럽게 몰락해, 멸망의 길로 가게 된 것이다. 조선의 권신들 중 이렇게 갑작스럽게 죽는 것도 매우 희귀한 예에 속한다.

이후에 윤원형의 재산을 어떻게 처리할 것인지를 놓고 왕실과 신하가 날카롭게 대립한다. 그의 재산이 도대체 어느 정도였기에! 놀라지 마시라. 국고보다 좀 더 많았다. 윤원형은 을사사화와 정미사화를 주도하면서, 사림들을 대거 축출했다(삼족을 멸한다는 말도 이때 나왔다). 그렇게 수많은 선비들을 역적으로 몰아 죽이고 그 삼족을 멸하다 보니, 그 죽인 이들의 모든 재산을 자기 것으로 취해 엄청난 억만장자가 된 것이다. 그 재산은 왕실에 속해야 하는가, 아니면 신하들에게 속해야 하는가? 조정의 문무백관들은 딱 둘로 나뉘었다. 첫 번째는 왕실에 속해야 한다는 주장이다. 이 신하들은 조선의 모든 국토는 왕의 것이니, 재산은 어차피 왕실에 속해야 한다는 왕권신수설적인 논리를 폈다. 두 번째는 신하들에게 다시 돌려줘야 한다는 것이다. 그런데, 사화의 피해자들이 모두 죽고 없는데 누구에게 돌려줘야 하는가? 당시의 신하들은 서로 나누어 가지자는, 참으로 쓸데없는 이야기들을 하고 있었다.

이때였다. 선조가 즉위한 직후, 이이는 33세의 한창 젊은 청류 선비로서, 다음과 같은 해결책을 내놓는다. '정병 10만 양병설'이다. 군사를 양성하는 데 그 윤원형의 재산을 쓰자는 것이다. 이게 무슨 소리인고 하니, "전하, 윤원형의 재산이 왕실로 귀속되어야 한다, 신하들에게 돌려주어야 한다 같은 논쟁은 지금 하등의 쓸모가 없는 논쟁이옵니다. 이로써 정병을 양성하여, 유사시를 대비한다 하면, 전국의 인구조사를 다시 하여 억울하게 노비가 된 유랑민들을 다시 세금을 내게 하는 양민으로 돌릴 수 있사옵고, 또한 나라의 제조업을 무기를 만드는 공업으로 할 수 있어 조선의 문약함을 돌볼 수 있나이다. 이렇게 되면 결국 왕도 아니고, 신하도 아니고, 오로지 백성을 위한 임금으로 다시 인식될 수 있사오니, 굽어 살피시옵소서." 참으로 기가 막힌 천재(天才)의 해법이 아니겠는가?

그런데 이러한 해법은 당시의 조선에서는 전혀 통하지 않았다. 모두가 그 재산을 자기 것으로 하고 싶은 욕망에 빠져 있을 뿐. 천재는 외로워서 천재라고 했던가. 그리고 임진왜란이 일어나기 약 10년 전에 율곡 이이가 다시 한번 10만 양병설을 제기했을 때에는 백사 이항복의 반대에 부딪힌다. 율곡 이이는 1574년 황해도 관찰사로 부임하면서, 황해도 지방에 해주 향약◆을 실시하여, 부

◆ 해주 향약은 율곡 이이가 황해도 해주 지방에 실시한 일종의 규약이다.

사로 함께 갔던 오리 이원익과 직전 1571년의 청주 지방에 실시한 것과 같은 향약을 실시하여 큰 효과를 본 바. 율곡 이이는 그 자신감으로 전국 실시를 선조 임금에게 건의하였으나 백사 이항복 등의 반대로 실시하지 못하게 되자, 그는 경연장에서 분노의 메시지를 외쳤다. "내 일찍이 다른 신하들은 모르겠으되 어찌 경이 나를 거부할 수 있소? 어찌 경 같은 사람이 사사로운 이익에 매몰되어 내가 제안한 정책을 거부할 수 있느냐 이 말이외다." **조선 최고의 천재 율곡 이이, 그는 마지막 당파 싸움의 극복책이자 조정책 10만 양병을 향약의 형태로 바꾸어 실현하려고 했으나 결국 뜻을 이루지 못했다.**

앞서 언급한 윤원형의 재산을 왕실에서 취해야 한다고 주장한 세력이 동인, 선비들에게 그대로 N분의 1을 해서 돌려줘야 한다고 말한 세력이 서인이다.* 윤원형의 부정부패한 재산을 왕이 가지느냐 신하가 가지느냐를 놓고 그렇게 싸울 것이 아니라, 백성들을 위해 국방에 쓰자고 새로운 대안을 제시했던 사람이 율곡이었다.

◆ 동서남북은 각각 인의예지를 상징한다. 인(仁)이 어질고 베풂을 뜻하는 것이니 왕의 권위를 나타내는 것이요, 의(義)는 신하들의 의리를 서로 지키는 것을 뜻하는 것이니, 신하들의 권위를 말함이다.

十七 | 녹봉 이외의 재산을 취하지 않겠노라, 작은 거인 오리 이원익

 전 의정부 영의정 완평 부원군 이원익이 졸하였다. 원익은 강명하고 정직한 위인이고 몸가짐이 청고(淸苦)하였다. 여러 고을 의 수령을 역임하였는데 치적이 제일 훌륭하다고 일컬어졌고, 관 서(關西)에 두 번 부임했었는데 서도 백성들이 공경하고 애모하여 사당을 세우고 제사하였다. _《인조실록》

1587년 41세의 오리 이원익이 황해도 안주 목사로 부임하였다. 당 시 황해도 안주는 정말 형편없는 고장이었다. 툭하면 전염병인 역 질이 돌아 수령뿐 아니라 모든 주요 인물들이 죽어 나가는 곳이었 다. 마을 이름은 안주(安州)인데 실제로는 조금도 편안할 날이 없 었던 곳이 안주였다. 마을 전체의 생산성은 너무나 나빠져 있었 다. 당연했다. 사흘이 멀다 하고 한 명씩 죽어 가는데, 어떤 사람들이 뭘 할 의욕을 가질 수 있겠는가.

오리 이원익은 키가 매우 작았다 (138센티 정도에 불과했다고). 그래서 사람들에게 항상 얕잡아 보인 그는, 가장 사회적 형평이 떨어지는 곳에 배치받곤 했다. 그러던 그가, 10여 년 전 황해도 관찰사로 나간 율곡 이이가 그를 부사로 데리고 있으면서 일을 하도 잘하길래 추천했던 것이, 그를 황해도의 안주 목사로 돌아오게

오리 이원익 선생의 초상화
ⓒ 충현박물관 (출처 : 국가유산청)

한 것이다. 오리 이원익은 취임식도 생략한 채 조랑말을 타고 안주 목을 열흘에 걸쳐 휘휘 둘러봤다. 어디에도 사람 사는 것 같지가 않은 곳이었다. 한숨이 나왔다. 그래도 희망은 있었다. 뽕이었다. 뽕나무를 심어서 누에를 기르자는 것이었다. 오랫동안 갈지 않은 안주 마을의 척박한 농토에 딱 맞는 아이디어였다. 이원익은 마을 주민들을 모두 모았다. 그리고 자신의 계획을 설명했다. 자신이 옛날에 율곡 이이와 함께 황해도 부사로 와서 그 좋은 해주 향약을 실시한 오리 이원익이라고 자기 피알(PR)을 했다. 사람들은 심드렁해하며 그게 우리랑 무슨 상관이냐고 되물었다. 그러나 오리 이원익은 사람들이 지쳐서 그러려니 생각했고, 뽕나무 종자를 받아서 심기에 바빴다. 석 달포(한 달이 조금 넘는 정도) 지나면,

분명히 황해도 관찰사로부터 실적 닦달이 쏟아질 것이 뻔했다. 어느 정도 자란 뽕나무 종자를 심어 놓으면 석 달포 후에는 충분히 수확을 볼 수 있다. 그러면 안주도 좋고, 나도 좋고, 임금님께 충성도 할 수 있겠다 싶으니 오리 이원익의 마음에 불이 붙었다. 사람들을 상당히 채근했다. 사람들은 비록 느릿느릿하지만, 그래도 신임 사또의 말에 그 정도면 잘 따라 주었다.

두 달포쯤 지난 뒤, 오리 이원익은 주민들을 불러 모았다. 뽕나무 재배 현황을 알려 달라는 의미였다. 어느 정도 키웠는지 묻자, 고을 촌장은 눈 하나 깜짝하지 않고 "모두 버렸는뎁쇼"라고 말했다. 오리 이원익은 귀를 의심했다. '이들이 지금 무슨 장난을 치나? 아니면 나랑 농담 따먹기를 하려고 하는가?' 정신이 아뜩해졌지만 곧바로 정신을 차리고 칼을 뽑아 들었다.

"네 이놈들, 내가 이제껏 두 달포가량을 너희 비위를 맞춰 주었거늘, 내가 우습더란 말이냐? 어찌 나라에서 준 뽕나무를 너희 좋으라고 재배시켰거늘, 이렇게 모조리 버릴 수 있단 말이더냐? 너희들이 정녕 임금께 불충하여 죽고 싶은 게냐?"라고 소리를 질렀다. 몇몇 사람들은 무서워서 엎드렸지만, 아까 버렸다고 당당하게 말하던 그 촌장만큼은 눈을 똑바로 뜨고 달려들었다. "내 이미 여든을 바라보는 몸, 역질에 걸려 죽으나 굶어 죽으나, 아니면 오늘 사또 칼에 죽으나 죽기는 매한가지. 나가 이제 악밖에 안 남은 놈이여." 그러고선 하는 말이 이랬다. "우리 같은 천한 것들도 다 압니다. 뽕나무를 제대로 재배하면 수익성이 높아지고, 땅의 지력도 개선되어서 많은 돈을 벌 수 있다고요." 오리 이원익은 외쳤다. "그런데 왜 안 하느냐 말이다. 알면서 왜 뽕나무를 갖다 버리느냐 말이다." 촌장이 답했다. "그러면 뭐 합니까? 뽕나무를 많이 재배해서 돈을 많이 벌면 뭐 하느냐 말입니다. 죄다 사또께서 수탈해 갈 것이 아닙니까? 우리가 뭘 믿고 사또 좋은 일만 시켜 주느냐 하는 겁니다."*

참 할 말이 없었다. 오리 이원익은 칼을 놓치고 말았다. 악밖에 남지 않은 촌장의 진심 어린 절규에 오리는 달리 논변할 말이 없었다. 그렇다. 이것은 돈의 문제가 아니었다. 신뢰의 문제였다. 사회적 신뢰, 내가 열심히 일해서 돈을 벌어도 그게 지방 수령에게로 고스란히 넘어간다면 어찌 일할 맛이 나겠는가? 그동안 안주 지방에 부임했던 거의 모든 사또들이 이렇게 탐관오리 짓을 저질렀는데, 아니 안주뿐만 아니라 다른 모든 지방 수령들이 이렇게 부정부패를 일삼고 있는데 무슨 백성들의 근로 의욕이 솟구치겠는가. 오리 이원익은 뜬눈으로 하룻밤을 새운 뒤, 다음 날 백성들을 다시 불러 모았다.

백성들은 몹시 불안했다. 어제 일 때문이었다. 혹여 새로 온 사또가 자기네들을 불경죄로 다스리면 어쩌나 하는 공포가 일었다.

◆　이는 오리 이원익의 광명시 유적에 나오는 이야기다.

촌장도 하루가 지나고 나니 불안하긴 마찬가지였다. 사람들은 촌장을 보고 "하이고 저 영감탱이, 어제 너무 심하데요" 하면서 쑤군거렸다. 오리 이원익이 나왔다. 키는 작아도 카리스마는 여전했다. 그는 촌장을 불렀다. 촌장이 불안해하며 앞으로 나아갔다. 이원익은 그 앞에서 무릎을 꿇었다. 모든 백성들이 황망해하며 엎드렸다. 오리 이원익은 말했다.

"내 잘못이요. 내가 마을 사람들의 진심을 몰라주고, 알고 있다고 생각했소. 빨리 성과를 내자는 욕심에 눈이 멀었던 게요. 나를 용서하시오. 내가 다시금 농작물을 조사해서 전염병을 역학 조사하고 마을 사람들의 몸을 먼저 낫게 하겠소. 그리고 내 앞으로 언제까지 이 관료를 더 할지 모르겠지만, 그만두는 그날까지 녹봉 이외의 다른 재산을 취하지 않겠소."

오리 이원익의 다짐은 그의 남은 평생 47년(그의 인생 88년)을 규정하는 말이 되었다. 그는 정말 초가집 정승으로 늙어 죽었고, 그 후 도체찰사(오늘날의 국가비상대책위원장) 4번, 영의정 6번을 지낸 **우리나라 최고의 경세가로 살면서도 녹봉 이외의 다른 재산을 단 한 번도 취하지 않은 우리 한반도 역사상 최고의 청백리로 알려져 있다.** 사회적 신뢰의 표상, 오리 이원익. 이제부터 이 책 22장까지는 모두 그의 이야기이거나 그와 관련 있는 이야기이다.

十八 | 임진왜란을 눈치채고 알려 준 태국 국왕이 있었다?

 1592년 임진왜란 당시에 명나라를 도와서 일본을 공격하 겠다고 제안한 바 있다. 명군을 조선에 보내는 데 기여한 병부상 서 석성이 이를 받아들이자고 했으나, 광동성 지역의 양광 총독 은 아유타야 해군이 이를 빌미로 명의 해안을 측량하거나, 조사 하거나, 공격할지도 모른다고 거절했다고 한다. _《명사》

1592년 4월* 임진왜란이 벌어지기 2년 전, 정여립의 난**을 극복 하느라 엄청난 수의 선비 살해를 시키고 있던 선조 임금 앞으로 희한한 상소가 하나 들어온다. 이제부터는 나의 상상이다. 제대로

◆ 이때 4월은 요즘 쓰는 양력이 아니라 음력이다. 우리나라는 고종이 대한제국을 선포 한 해인 1896년부터 태양력을 사용하기 시작했다.

◆◆ 정여립의 난은 1589년(선조 22년) 정여립이 모반을 꾀한다는 고변서에서 촉발되어 다수의 동인(약 1천여 명)을 서인이 죽인 사건이다.

들어 보지도 못했고, 어디 붙어 있는지도 모르는 아유타야라는 나라에서 온 상소였다. 그 내용은 곧 왜놈들이 조선 땅을 칠 것이라는 다소 황당한 내용이었다. 선조는 무슨 이런 내용이 다 있나 생각했지만, 그렇다고 저 멀리 외국의 국왕이 보낸 상소를 바로 물리치기도 좀 그렇고 해서, 당시 이조판서 오리 이원익을 은밀히 부른다. 이 상소를 어떻게 취급해야 할지 묻기 위해서다. 상소의 내용은 이러했다. "아유타야 국왕 나레수안이 황급히 전한다. 한 해 전부터 우리나라(아유타야) 남쪽에 있는 나콘씨 탐마랏 주의 왜국 상인들이 배를 돌려 자기 나라로 돌아가기에, '왜 가는가?' 하고 물었더니 '조만간 2~3년 안에 큰 전쟁이 날 것이며 그 전쟁은 일본이 조선을 쳐들어가고 곧 명나라도 쳐들어갈 것'이라는 정보다. 따라서 그 상단의 배로써 전선(戰船)을 삼으려 하는 것이니, 현재까지의 정세로 봐서 일본이 전쟁 준비를 하고 있는 것은 확실한 터. 이에 전문을 보내니 귀국에서는 준비를 서두르기 바란다." (이는 상상만이 아니라 명백한 사실이다.)

아유타야. 어디에 있는지도 모르는 나라가 어떻게 이리 친절하게 우리에게 전쟁 정보를 준단 말인가. 오리 이원익은 조만간 나라에 전쟁이 터질 것이라는 예감을 확실하게 가졌다. 이는 매우 엄청난 일이기에 통신사 황윤길, 부사 김성일로 특사를 꾸려서 일본에 보낸다. 도요토미 히데요시라는 자가 어떤 자인지, 그가 어떻게 전쟁을 일으킨다는 말인지 반드시 알아 오라고 한다.

태국 아유타야의 나레수안 국왕이 친서를 전달한 것은 1590년 초. 1590년 3월에 황희 정승의 자손 황윤길과 학봉 김성일이 일본으로 출발한다. 대단히 빠른 대처였다. 그리고 조선은 이와는 관계없이 새로운 대포의 개발을 비밀리에 서두른다. 1591년 말에 이순신을 전라좌수영 절도사로 발탁한 것도 오리 이원익이 주도한 전쟁 대비책이었다. 황윤길(서인)과 김성일(동인)이 전쟁 발발 예측을 두고 대립한 것이야 동서인의 어쩔 수 없는 힘겨루기였다 치더라도, 나레수안 국왕이 우리에게 처음으로 임진왜란의 발발을 알렸다는 것은 너무 희한하다. 그는 대체 어떤 사람인가?

아유타야의 나레수안 국왕, 왕세자 때에 그는 흑태자로 불렸다. 어렸을 적부터 기민하고 영특하였는데, 핏사눌록 지방이 이웃 버마에 점령당해 그는 아우와 함께 적국에서 볼모로 지냈다. 결국 7년 뒤, 자기 누이동생이 버마 왕의 후궁이 되는 치욕적인 조건으로 아유타야에 귀환할 수 있었다. 그렇기에 어렸을 때부터 고토 회복에 대단한 의지를 가지고 덤벼들어 마침내 버마 세력들을 완전히 물리치고 독립을 쟁취했다. 이래서인지 다른 나라가 전쟁 위기에 있다거나 하면 그냥 보고 있지만 않은 모양이다. 그래서 조선에도 미리 전언을 날린 것이리라. 그 전언을 절대 허투루 읽지 않은 조선의 이원익 이조판서 역시 정말 대단한 사람이라고 하지 않을 수 없다. **임진왜란, 그것은 그야말로 16세기 말의 국제전이었다.** 일본과 조선의 전쟁이고 명나라가 그것을 도왔다고 간단하게 생각해 버리면 그뿐이겠지만, 더 이상의 발전은 없을 것이다. 임진왜란이 저 멀리 태국 아유타야마저도 참전하려고 했던, 진정한 국제전이었음을 우리는 꼭 알아야 한다. 우리 조선에 전쟁의 위기를 처음으로 알려 준 아유타야 왕국의 나레수안 국왕. 그 덕에 처음에는 밀렸지만 나중에는 결국 승리한 전쟁으로 이끌 수 있었다고 본다.

임진왜란 바로 그때,
조선을 덮친 대기근

 중국에서 그대 나라의 군량이 넉넉하지 못한 것을 염려하여 8만 석을 준비하였는데 쌀과 콩이 반씩으로 이미 강연보(江沿堡)에 쌓아 놓았다. _《선조실록》

 황제가 산동의 군량 10만 석을 내려 주어 배로 운송하여 군량을 보충하게 하였다. _《선조수정실록》

1592년 임진왜란이 터졌다. 일본군을 피해 수도와 궁궐을 떠난 선조는 한양에서 개성으로, 개성에서 평양으로, 평양에서 의주에 6월 22일에 도착했다. 그만큼 일본군의 진격 속도는 상상을 초월했다. 하루 4시간만 자고 죽기 살기로 뛰고 말 달려서 올라오는 판국이었다. 더구나, 1592년 6월부터 일본군의 본대가 갈라지기 시작한다. 내분에 의해서 갈라지는 것이 아니라 진격을 위해서였다. 가토 기요마사가 이끄는 일본군은 강원도를 지나 함경남도를 거쳐 함경북도로 계속 북상했다. 선조는 평양에서 분조(일종의 임시 조정)를 설치한다. 혹여 피난길에 사로잡혀서 한쪽이 정상적인 조정의 기능을 하지 못할 때를 대비한 것이다. 그리고 세자 광해군에게 분조를 이끌고 평안북도 강계군 쪽으로 가게 한다. 또한 임해군과 순화군을 강원도 지역으로 파견해서 군사를 계속 모으게 한다.

이와 같은 작전을 해 나가는 데 도체찰사 오리 이원익의 고민은 오직 하나였다. "이렇게 전면전이 되면 전국의 농토가 황폐화될 것이고, 필연적으로 기근이 올 터인데." 고민은 곧 현실이 되었다. 1593년 음력 1월 이여송과 송응창이 이끄는 명군 4만이 평양을 공격해 수복하고 한양까지 돌격한다. 그러나 이여송 총사령관은 그해 음력 1월 27일, 지금의 고양시 근처인 벽제관에서 기병 1천이 전사하는 패퇴를 맛본다. 그 이후로 "우리 명군이 이렇게까지 피를 보면서, 전쟁을 계속할 수는 없다"라는 식의 협상론이 힘을 얻는다. 그러니 진정한 지옥은 딱 그때부터가 시작이었다.

1593년과 1594년의 머리글자를 딴 계갑 대기근. 1592년에 전쟁으로 전국의 농토가 황폐화되니 농사를 하나도 짓지 못하고, 사람들은 모두 죽거나 유랑민이 되니 어찌 흉년이 들지 않겠는가! 도체찰사 오리 이원익의 불길한 예측은 그대로 맞아떨어져

1593~1594년에 이르기까지 조선은 최악의 대기근에 시달렸다. 내가 국사학계의 기록을 보면서 상식이 흔들린다는 생각을 가졌던 계기가 이 계갑 대기근의 기록을 보고 나면서다. 역사는 내가 전국에서 제일이라며 자랑하던 나였는데, 계갑 대기근의 역사를 《선조실록》과 《선조수정실록》에서 보면서 임진왜란을 바라보는 내 시각이 뿌리째 흔들렸다. 이런 중요한 사건을 왜 그전에는 배우지 못했던가.

조선은 큰 전란과 변란 없이 (지역적인 반란이나 국지전적인 외침을 제외하면) 1392년부터 1592년까지 200년 동안 평화를 유지해 오고 있었다. 따라서 율곡 이이의 10만 양병설과 같은 전쟁 대비론이 전면 대두하기도 했지만, 결국 수면 아래로 가라앉았다. 그러니 전시를 대비해서 혹은 비상시를 대비해 식량을 저장해 두는 행위가 전혀 발달하지 않았다. 그해 농사지어 그해에 다 먹으면 그뿐이었다. 따라서 보릿고개라는 것이 항상 등장하게 되는데, 애초에 비축미가 있었다면 존재할 이유가 없는 것이었다. 따라서 1593년부터 1594년 좀 더 솔직하게 말하면 1598년까지의 대기근 (왜란이 끝날 때까지)은 자연재해가 아니라 전형적인 인재(人災)였다.

여기서 명나라 만력제의 재조지은(再造之恩)이 등장한다. 조선을 다시 살려 준 은혜라는 뜻이다. 앞에 나온 《선조실록》과 《선조수정실록》의 구절에서 알 수 있듯 명나라는 엄청난 양의 쌀을 보내 주어 조선을 원조했다. 이런 은혜가 없을 지경이다. 이런 부분은 가르치지 않고 명군의 횡포만을 강조하던 지난날의 국사학계는, 〈킹덤〉류의 팩션 사극 드라마가 뜨고 나서야 1670년대의 경신 대기근만을 강조한다. 천만에, 내 생각에는 1593년의 계갑 대기근이야말로 아수라장이 따로 없었을 것이라 확신한다. 그러니 명나라에 대한 은혜가 그토록 사람들 머리에 박혔겠지. 여기서 상상의 나래를 펼쳐 보자.

계갑 대기근
1593~1594년
인재(人災)

VS

경신 대기근
1670~1671년
자연재해(自然災害)

도체찰사 오리 이원익은 1594년 4월 백성들의 굶주림이 극한 상황에 다다르자 만력제에게 달려가 식량 구원을 청한다. 산둥성에서 제물포 항구를 통해 10만 석의 구원미가 도착한다. 이원익 정승은 이를 상품, 중품, 하품 3등급으로 나눈다. 하품은 가축들에게 먹인다. 소, 돼지, 닭 등은 굶주림 속에서도 반드시 후세를 위해 먹여야 할 미래 식량 및 농업 자원이다. 중품은 왕실과 양반들을 포함한 일반 백성들이 먹는다. 상품은 의병들에게 지원한다. 선조는 대뜸 화를 낸다. "내가 왕이다. 내가 왕인데, 상품은 내가 먹어야지, 어째서 내가 중품을 먹느냐?" 오리 이원익은 "제가 스스로 하품을 먹사옵니다. 임금께서는 역정을 거두소서"라고 말한다. 전국에서 의병을 자원했다. 상품의 쌀을 먹기 위해서, 또 조선을 지키기 위해서이다. 임금은 상비군이 부족했다. 그러니 의병의 힘을 빌려 상비군의 부족함을 채울 수밖에 없었다.[*]

1593년 3월 14일, 경기도 고양시 행주내동에서 행주대첩이라 불리는 사건이 벌어진다. 우리의 도원수 권율 장군이 3천의 병사로 3만 명이나 되는 왜놈들을 무찌른 사건이었다. 총사령관 우키타 히데이에 이하 고니시 유키나가 등 모든 일본 장수들이 총동원된 이 전투에서 권율 장군은 신기전(神機箭)을 날리면서 분전한다. 강화도에서 한양으로 들어가는 뱃길을, 즉 명나라 구휼미가 한양으로 들어갈 뱃길을 수호해 낸 것이다. 반면 왜놈들은 이 전투에서 대패함으로써, 사실상 임진왜란의 모든 육상전을 패전으로 끝낸 것이나 다름없었다.

◆ 의병장 김덕령이 특히 힘을 냈다. 계갑 대기근이 혹독한 기세를 부릴 당시, 충남 홍성 지방에 이몽학이라고 하는 반란군이 임금을 칭하고 도탄에 빠진 백성들을 구하겠다고 나선 악몽이 있었다. 김덕령에게는 그런 반란이 절대, 다시는 일어나서는 안 된다는 생각뿐이었다.

二十 | 전하, 이순신은 역적이 아니라 충신이옵니다

 이순신이 조정을 기망한 것은 임금을 무시한 죄이고, 적을 놓아주어 치지 않은 것은 나라를 저버린 죄이며, 심지어 남의 공을 가로채 남을 무함하기까지 하며【장성한 원균의 아들을 가리켜 어린 아이가 모공(冒功)하였다고 계문(啓聞)하였다.】방자하지 않음이 없는 것은 기탄함이 없는 죄이다. 이렇게 허다한 죄상이 있고서는 법에 있어서 용서할 수 없는 것이니 율(律)을 상고하여 죽여야 마땅하다. 신하로서 임금을 속인 자는 반드시 죽이고 용서하지 않는 것이므로 지금 형벌을 끝까지 시행하여 실정을 캐어 내려 하는데 어떻게 처리할 것인지 대신들에게 하문하라.

_《선조실록》

선조 30년인 1597년 3월 13일, 수군통제사 이순신을 잡아 처벌하라는 어명이 떨어진다. 참으로 억울한 일이 아닐 수 없었다. 원균이나 안위 두 간신이 원망스러운 상황이었다. 이렇게 된 이유는 우선 첫 번째, 허위 보고 사건이다. 1597년 정유재란이 일어난 해가 밝아 오자, 이순신 장군의 명예에 먹칠을 한 두 사건이 터졌으니, 이순신 장군 휘하의 부하 장수 안위가 "부산항에 입항해서 적의 배와 시설들을 불태웠다"라고 거짓 보고를 했다. 이것을 그대로 믿은 충무공께서 그 보고서를 그대로 왕에게 올렸다. 이는 나중에 허위 보고로 판명 나지만, 안 그래도 선조에게 눈엣가시였던 이순신을 잘라 버리는 결정적인 사건이었다.

두 번째 사건은 가토 기요마사의 대한해협 도해(渡海)이다. 일본의 이중간첩인 요시라로부터 '왜장 가토가 바다를 건너올 것'이라는 첩보가 입수되어 선조가 이순신 장군에게 출동을 명령했지만, 남해항으로부터 겨울 풍랑을 만나 도저히 출격할 수 없는 상황이던 이순신 장군은 불응했다. 이미 가토는 부산에 도착한 상태였다. 그러나 이순신이 출전하지 않아 가토가 조선에 무사히 도착한 것처럼 오해가 커졌다. 선조는 조정을 기망했다며 이순신에 대한 분노를 가라앉히지 않았다. 이때 원균이 "신이라면 무조건 가토를 잡았을 것입니다"라며 이순신 장군을 모함한다. 이에 선조는 무조건 이순신을 압송하라고 길길이 날뛰며 명령했다. 이순신은 파직 압송되었고 후임 삼도수군통제사에는 원균이 임명되었다.

도체찰사 오리 이원익이 볼 때, 이것은 말도 안 되는 누명 사건이었다. 그래서 첫 번째 부산항 허위 보고 사건에 대해 오리 이원익은 자체 진상 규명단을 내려보내 다시금 조사한다. 명백한 안위의 허위 보고 사건이었다. 비록 확인해 보지도 않고 바로 왕에게 보고한 이순신도 잘못이라면 잘못이겠으나, 전쟁 통에 무슨 확인을 할 겨를이 있으랴. 그리고 처벌을 하려면, 안위도 같이 처벌해야지, 왜 이순신만 처벌하는가? 오리 이원익은 선조를 강하게 채근한다. "남해 바다를 지킬 장수에 이순신 제독만 한 사람이 있소이까? 원균은 빼고 이야기하시오." 오리 이원익의 결사적인 변호에도 이순신은 앞에서 상술한 기록대로 선조의 분노를 거두게 하지 못했다. 선조는 조정을 크게 기망한 죄를 이순신의 대죄로 보았다. 모든 것을 일부러, 고의로, 즉 법리적으로 볼 때 악의로 그렇게 부산항의 화재를 자신의 공로로 허위 보고했고, 일부러 나라 전체를 망치기 위해 가토의 대한해협 도해를 보고도 대처하지 않았고, 심지어 원균의 아홉 살 서자를 놓고도 일부러 "원균이 공로를 가로채기 위하여, 어린 서자에게도 적의 수급(머리)을 배분한다"라고 거짓 누명을 씌웠다고 기소했다.

1597년 3월 31일 국문(鞫問)이 열렸다. 국왕 선조는 친히 국문에 임한다. 저녁 6시에 시작된 국문은 문무백관을 죄다 불러 놓고, 바로 여차하면 선전관이 칼을 휘둘러 이순신 장군을 죽여 버리겠다는 듯, 서슬 퍼렇게 진행되었다. "네 죄를 네가 알렸다." 선조의 모습은 전형적인 졸장부의 그것이었다. 개전 초기 한양을 두고 의

주까지 냅다 도망가서, 명나라로 망명하려고까지 한 임금의 졸렬하기 이를 데 없는 모습이었다.[*] 재판은 인민재판처럼 진행되었다. 선조가 꾸짖으면, 충무공 이순신은 아무 말이 없었다. 대신 문무백관들이 죽여라 죽여라를 외치면서 진행되었다. 3시간이 넘어가자, 선조와 문무백관들도 지쳐 갔다. 선조는 강하게 외친다. "도체찰사! 어찌하여 아무 말도 없으시오? 조정을 기망한 죄인을 처벌해야 하지 않소! 가만히 있다는 것은 도체찰사도 조정을 기망한다는 저 간악한 이순신과 함께 한다는 것 아니오." 그동안 아무 말도 하지 않고 있던 오리 이원익 도체찰사는 드디어 입을 열었다. "그토록 신이 입을 열기 원하시니, 말하겠습니다. 소신은 처벌 불가이옵니다. 남해 바다를 지킬 수 있는 장수는 이순신 제독 말고는 없사옵니다. 원균은 빼고 말하시옵소서." 그는 뜻을 굽히지 않았다. 2 대 199의 대결이었다. 2는 오리 이원익과 좌찬성 정탁 그리고 나머지는 국왕을 포함한 문무백관 전체이다.

결국 오리 이원익의 승리였다. 그다음 날 오전 6시까지 계속된 국문에서 선조는 마지막에 "역적이 아닌가 보다, 풀어 줘라"라는 힘없는 한마디로 무죄를 선고했다. 사형은 면했으나, 오리 이원익 도체찰사는 '백의종군'형을 내렸다. 도원수 권율의 휘하에 들어가

---

[*] 왜구들에게 강하고, 우리 장군들에게 따뜻한 임금을 기대했으나, 이건 반대로 왜놈들에게 무척 약하고, 우리 장군들한테만 무척 강력한 정반대의 모습이다. 더구나 15세에 친양자로 왕실에 입적해 왕위에 오른 양자 콤플렉스 즉 혈통 콤플렉스까지 정통으로 나온 듯하다.

사병으로 대기하라는, 일종의 대기 발령이었다. 천만다행이었다. 천하의 옹고집 오리 이원익 정승의 옹골찬 대응으로 민족의 영웅이 죽음의 문턱 바로 앞에서 되살아난 것이었다.

오리 이원익은 눈물을 흘렸다. "참으로 다행입니다, 이순신 장군. 그러나 내가 무죄를 줄 순 없어요. 지금 만약 무죄를 내린다면, 저 분노한 주상과 조정 신료들이 또 어떤 핑계를 잡아 장군을 모함할지 모르는 일입니다. 훗날을 도모합시다. 대기 발령을 줄 테니, 권율 장군 휘하로 가 있으세요."*

이순신 장군 동상
(출처: 한국관광공사 | 촬영 이범수)

한번 생각해 보라. 그렇게 이순신을 씹어서 삼도수군통제공이 된 원균이 7월 15일에 거제도 앞바다로 우리 수군을 모조리 끌고 나가서 대부분 죽게 하고 그 스스로도 전사한 칠천량해전이 있고 난 뒤, 12척의 배로 300여 척의 왜선을 막아 싸워 대승을 거둔 명량대첩이 1597년 9월 16일이다.

◆　《선조실록》을 토대로 필자가 창작한 내용이다.

이순신 장군은 정말 만고의 충신이다. 보통 사람이라면 자신이 모든 걸 투자한 수군을 그렇게 전체를 날려 버린 것도 모자라, 자신을 그토록 모함하고, 어머니 초계 변씨마저 아들의 얼굴도 보지 못한 채 죽게 만든, 그래서 역적이자 불효자로 만든 조선을 위해 일하고 싶겠나? 그러나 이순신 장군은 보통 인물이 아니었다. 우리 민족사에 가장 빛나는 해군 장수였던 그는 조국을 위해서 12척의 배로 300여 척의 도도 다카도라의 최정예 해군과 당당히 맞서서 이겨 버렸다. 오직 단 한 사람, 오리 이원익 도체찰사의 사람을 알아보는 눈! 그것이 빛난 충무공의 승리였다.

하늘을 날아서
진주성의 왜놈들을 무찌르다!

 비거의 발명가로 알려진 정평구는 전라북도 김제군 출신
으로, 1592년(선조 25년) 왜란이 발발하자 진주성 전투에서 비거
를 사용하여 외부와 연락을 하는 한편, 어느 영남 고성에 갇혀 있
던 성주를 태우고 30리 밖으로 탈출하게 했다. _《여암전서》

벽골제가 자리 잡은 전라북도 김제시. 이곳에 가면 우선 완주 지
역부터 입이 떡 벌어지게 놀라운 광경이 벌어진다. 확 트인 평야,
아니 평원이라고 해도 좋을 정도로 광활한 호남평야가 펼쳐진다
(처음 가 보는 사람은 우리나라에 이런 데가 있냐고 물을 정도). 대한민국에
서 유일하게 지평선을 볼 수 있는 곳이 김제다. 4차 산업 혁명의
총아로 불리는 드론 기술이 김제라면 가능하겠구나 싶다. 호남평
야의 핵심 지역이며, 일제 강점기 때 가장 강력한 수탈 할당량을

받아 1932년부터 1938년까지 어마어마한 식량을 만주국으로 공출당했던 곳이다. 현재는 드론 관련한 많은 기술자들이 수많은 실험을 하고 있는 곳이기도 하다. 그래서 그런지 세계 최초의 비행기 기술이 바로 이곳 김제에서 비롯되었다. 그것은 전술적(戰術的) 용도로 임진왜란 때에 진주성 전투에서 1, 2차에 걸쳐서 사용되었다. 임진왜란 시 우리 조선군 4대 발명품 중 하나가 바로 비차*이며 이를 개발한 사람이 김제 사람 정평구이다.

일찍이 발명가로 유명했던 정평구는 김제의 드넓은 들판에서 자랐다. 어린 시절, 김제의 사또가 정평구의 집안에만 너무 먼 들판을 주어 경작하게 하자, 걸어 다니기가 너무 힘들었던 정평구는 하늘을 날아서 가면 어떻겠는가 하는 치기 어린 생각을 했다. 김제는 사방이 탁 트였기 때문에 하늘을 날기에는 안성맞춤이었다. 그렇게 시작한 비차의 발명이었다. 수백 번, 수천 번의 실패 끝에 완성해 내서, 실전인 진주성 2차 싸움에서 7일간 약 1만여 명의 왜놈들을 희생시키는 데 큰 공헌을 하게 된다. 상상력을 발휘해 당시 전투 상황으로 가 보자.

정평구는 원래 이순신이 정읍 현감을 지낼 때 그곳에서 군수물자 즉 무기를 만드는 별감으로 있었다. 왜란이 터지자 이순신의 추천으로 전라우수영의 이억기 장군 휘하에서 승자총통과 현

◆　비차(飛車)는 조선 시대 임진왜란 때의 비행기다.

자총통 그리고 지자총통을 만드는 역할을 담당했다. 그러다가 1차 진주성 싸움이 1592년 10월에 터지고, 이억기는 곧바로 정평구를 진주성으로 보내 무기 제조를 담당케 한다. 이 진주성 싸움은 약 4천의 군사로 왜군 3만 명을 물리친 말 그대로 대첩이었다. 한산도대첩, 행주대첩과 함께 임진왜란 3대 대첩 중의 하나로서, 진주목사 김시민이 왜군의 전라도 육상 진출을 막기 위해 벌인 최고의 명승부이다. 초유사 학봉 김성일이 여기에 합류하여, 예전에 통신사로서 일본을 다녀와 "전쟁은 없을 것입니다"라고 말했던 대죄를 씻기 위해 최선을 다해 싸웠다.

김시민은 이 전투에서 총상을 입고 "나의 죽음을 알리지 말라"는, 무과 동기 이순신이 6년 뒤에 하는 것과 똑같은 유언을 남기고 일주일을 혼수상태로 있다가 죽는다. 학봉 김성일 역시 이 전투에서의 후유증으로 고생하다가 1593년 4월 29일에 죽는다. 이 전투가 대첩으로 끝을 내면서 전라도를 지켰다. (1차 진주성 싸움에서 정평구가 했던 역할은 분명하지 않다.)

2차 진주성 전투가 또 시작되었다. 1593년 6월 22일의 일이다 (물론 음력이다). 이번에는 황진 장군이 관군을 이끌었다. 무려 9만여 명의 왜군들이 몰려들었다. 이번에도 일주일을 전투했다. 일본군이 이미 경기도에서 철수하여 남해안 지방까지 밀려난 상황에서, 명군과 일본군 사이에 강화회담이 진행되고 있었다. 이 회담에서 유리한 고지를 차지하기 위해서가 일본이 진주성으로 몰려든 첫 번째 목적이고, 두 번째 목적은 복수였다. 1차 진주성 싸움에서 워낙 크게 패배했기에 복수하기 위하여 쳐들어왔다고 봐야 한다.

황진은 오리 이원익 도체찰사에게 장계를 친다. "하늘을 나는 재주가 있는 정평구는 비차를 개발하여 실전에 쓰고자 합니다. 그로 하여금 비차를 쓰게 하여 주십시오"라는 내용이었다. 오리 이원익은 허락했다. 의병장 곽재우마저 몰살의 위험이 있다고 진주성에 못 들어가는 상황에서 고양이 손이라도 빌려야 하는 총력전이 시작된 마당에, 인증을 받고 안 받고 할 게 있겠는가. 무조건 허락이었다. 왜놈들은 백전노장 9만여 명, 우리 진주성의 병력은 9천 정도였다. 경상우 병사 최경회, 충청 병사 황진, 도절제 김천일, 의병장 황대중 등 참전했던 모든 사람들이 결사적으로 싸웠다. 특히 정평구의 비차는 신기전을 장착해 위력이 엄청났다. 하늘을 날아 폭격을 퍼붓는 정평구의 비차는 일본군의 간담을 서늘하게 만들었고, 1만여 명 이상이 이 비차 공격에 사망했다고 할 정도였다.

약 8일 동안을 힘들게 이기면서 버티던 진주성. 그러나 6월 28일 황진 장군이 왜군의 탄환에 맞고 쓰러졌다. 최후의 베테랑 장군이 죽으면서 사실상 진주성은 붕괴로 치닫는다. 무신이자 발명가 그리고 비차의 파일럿이었던 정평구는 그 붕괴의 와중에 탈출한다. 그래서 1624년까지 살았던 것으로 기록에 나온다. 1, 2차에 걸친 진주성 전투는 정말 큰 싸움이었다. 1차는 대승이었고 2차는 비록 졌지만 치열하게 싸운 전투였다. 이 전투의 마지막에 최경회의 후처 논개가 왜장을 껴안고 남강에 몸을 던져 죽었다. 최경회, 김천일, 황진, 황대중 등이 모두 한마음 한뜻이 되어 싸운 진주대첩이었다.◆

◆ 그런데 이러한 진주성 2차 싸움의 패배를 놓고, 누구의 책임인가를 조정에서는 크게 붙어서 싸웠다. 서애 유성룡이 의병장 김천일의 책임론을 들고 나왔다. 서애는 "김천일이 의기만 높았지, 재주가 없어서 졌다"라고 말했다. 이를 두고 김천일은 서인이고 유성룡은 남인이므로, 이를 당파성 짙은 싸움이라고 보는 사람들도 있다.

조선 최고의 개혁 대동법의 시작 이원익, 완성자 김육

 상이 반정(反正)하고 나서 맨 먼저 그를 천거하여 재상으로 삼고 매우 위임하였다. 그리고 그가 연로하였으므로 궤장을 하사하여 편안하게 하였고 또 흰 요와 흰 옷을 하사하여 그의 검소한 것을 표창하였다. 갑자년 변란 때 체찰사로서 공주까지 호가(扈駕)하였고, 정묘년 난리 때에는 총독 군문으로서 세자를 전주까지 배행하였는데, 조야가 모두 그를 믿었다. 원익이 늙어서 직무를 맡을 수 없게 되자 바로 치사하고 금천에 돌아가 비바람도 가리지 못하는 몇 칸의 초가집에 살면서 떨어진 갓에 베옷을 입고 쓸쓸히 혼자 지냈으므로 보는 이들이 그가 재상인 줄 알지 못했다. _《인조실록》

조선 대동법(大同法). 약 100년이 걸린 조선 최고의 조세 개혁이다.

이 대동법을 처음 실시하게 된 데는 오리 이원익의 공이 크다. 대동법은 처음에는 율곡 이이의 해주 향약에 속한 대공수미법(代貢收米法)의 일환이었다. 특산물 대신에 쌀로 세금을 걷겠다는 것이다. 당시 조선의 공물 제도는 각 지방의 특산물을 바치게 했는데 자연재해 등 특수 상황에도 반드시 바쳐야 했다. 또한 상인이 농민의 공물을 대신 납부하고 그 대가를 크게 부풀려 받는 폐단도 컸다.

이러한 문제점을 해결하기 위해 나온 대동법은, 공물을 쌀로 통일해 납부하게 한 제도이다. 다시 말해, 세금을 쌀(또는 면포, 철)로 단일화하여 받고, 그동안 공납을 통해 지역의 특산품들을 세금으로 받아 온 것을 상인들로 하여금 받게 한다는 것이다. 특산품은 제조업자들이 생산하게 하고, 혹은 채집업자들에게서 받는다. 그 받는 사람으로 하여금 상단(商團)을 임명해 나라에 납품하게 하겠다는 것이다. 어찌 보면 이 간단한 원리의 개혁이 전국에 실시되기까지 100년이나 걸렸다니, 무엇이 그렇게 어려웠나 싶다.

대동법이 무슨 효과가 있는가 하면 이렇다. 농민이 벼농사를 해서 쌀로 세금을 바치면 조정이나 관아가 그것으로 직접 특산품(벼루, 먹, 종이, 호피 등등)을 구입한다. 특산물 납부의 부담이 줄어든 농민들은 농사에 집중할 수 있고, 그러면 벼농사, 보리농사를 엄청 잘 지을 수 있어 농법이 발달한다. 임진왜란 전후 복구 대책으로 이것보다 좋은 게 있을 수 있나? 오리 이원익 정승은 민생을 살피느라 전국 팔도를 돌아보면서 이 대동법을 최고의 전후 복구 사업이라고 생각하고 밀어붙였다.

이 모든 대동법의 전국적인 관리는 선혜청(宣惠廳)을 두어 다스렸다. 이원익의 제자로서 대동법을 완성시킨, 최고의 재무부 장관 김육은 이렇게 말하고 있다. "농민은 대동세와 전세를 한 번만 납부하면 세납의 의무를 다하기 때문에, 오로지 농사에만 힘을 쏟을 수 있다. 상업과 수공업을 발달시키고 고용 증대도 가져올 수 있는 제도이며, 국가는 국가대로 재정을 확보하면서 합리적으로 운영할 수 있는 최선의 정책이다."

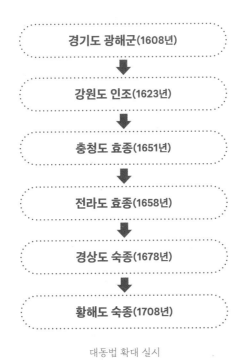

대동법 확대 실시

모든 국가의 수입원을 전세로 집중시켜, 임진·정유 양난에 걸쳐 완전히 풍비박산이 나 버린 농토를 새롭게 개간하는 데에 전심전력을 다하게 하는 점이 첫 번째 달라진 점이요, 두 번째는 무명이나 삼베 같은 것으로도 세금을 내게 한 점에서 재산과 수익이 조세에 정비례하는 것을 추구한 것이다. 대동법은 토지 1결당 쌀 12말로, 국가가 세금을 정률제로 걷기 때문에 중간에서 나쁜 짓을 하기도 힘들었다. 또한 나라를 다스리는 데 정부 조정에서의 각종 물자가 소비되는 것을 공인(貢人)들에게 책임을 지우면서, 소위 말하는 비투지(B to G: Business to Government) 사업의 형태로 수많은 조선 팔도의 특산품들이 활발하게 생산되는 계기가 되었다. 이는 전국적인 시장권의 형성과 도시 집중화를 가능하게 했고, 결국에는 상품 화폐 경제로의 전환을 가져오게 했으며, 더 나아가 상인 조합 그리고 제조업자들의 성장과 농촌 사회의 보수성 탈피라는 긍정적 기능을 한다. 따라서 종래의 신분 질서가 와해되는 결과를 가져왔다.

대동법의 초석을 놓은 오리 이원익 대감은 88세로 죽었다. 앞서 언급한 《인조실록》에 나와 있듯이, 죽기 직전에 사람들이 그의 신분을 몰라봤다고 하는 것에 대단함을 표한다. 생각해 보라. 얼마나 검소했으면 그가 양반이라는 것을 주위 사람들이 알지 못했을까? 도대체 어떻게 살았으면 그게 가능한가? 영의정 6번, 도체찰사 4번을 한 사람이다. 관직에 머물러 있는 이상 녹봉 이외의 다른 재산을 취하지 않겠다고 황해도 안주 목사 시절에 백성들 앞에서 한 약속을 그는 끝까지 지켰다.

1631년 인조가 승지 강홍중을 이원익이 사는 금천(현재 광명시 소하 2동)으로 보냈다. 이원익에게 영의정을 맡기려고, 그의 의중을 떠보기 위함이었다. 강홍중은 이원익을 만나고 돌아와서 인조에게 눈물로 아뢰었다. "제가 갔을 때에, 두 칸 초가가 겨우 무릎을 들일 수 있는데, 낮고 좁아서 모양을 이루지 못하며 무너지고 허술하여 비바람을 가리지 못합니다." 이에 인조는 "청렴하고 결백하며 가난에 만족하는 것은 고금에 없는 것이다. 내가 평생에 존경하고 사모하는 것은 그 공로와 덕행뿐이 아니다. 이원익의 청렴하고 간결함은 모든 관료가 스승 삼아 본받을 바이다"라며 기와집을 하사했다. 집의 이름은 관감당(觀感堂)이라고 붙였는데, 이원익의 청렴한 삶을 백성이 보고 느끼게 하고자 한다는 뜻이다.

조선 왕조를 통틀어 임금이 신하에게 직접 집을 지어 내려 주는 것은 딱 세 경우를 볼 수 있는데, 방촌 황희의 영당과 오리 이원익의 관감당, 그리고 미수 허목◆의 은거당이다. 이 관감당에 대해서도 이원익은 수차례에 걸쳐 "전란으로 나라가 비상인데, 일개 노인한테까지 어심(御心)이 미친다는 것은 있을 수 없는 일"이라며, "결국 이 돈도 백성들의 세금일진대, 백성들에게 돌려주라"고

◆ 미수 허목은 조선 후기에 성균관 제조, 이조판서, 우의정 등을 지낸 문신이다. 그의 부인은 이원익의 손녀딸이다.

말하여 모든 조선 관료들을 감동시킨다.

이원익은 붕당을 정말 싫어했다. 그의 스승 율곡 이이와 비슷했다. 그렇지만 붕당으로 굳이 치자면, 남인에 속했다 한다. 실은 이원익 정승은 특정 붕당 모임에 나간 적도, 자신이 남인이라고 생각한 적도 없었지 싶다. 그런데, 자신의 필생의 업적인 대동법의 완수를 승계해야 한다는 목적의식하에 후계자를 찾을 때에, 그는 김육을 강력히 천거했다. 김육의 탁월한 경제학적 지식과 백성을 위한 애민 사상이 대동법을 완수할 적임자였던 것이다. 그런데 남인 측에서 이를 반대한다. 이유는 그가 서인이기 때문이다. 이원익은 무슨 말도 안 되는 소리냐며 당색을 초월하여 민생 법안을 밀어붙인다. 마치 서인의 맹주 율곡 이이가 자신을 황해도 부사로 받아 주었던 것처럼 말이다.

청나라로 팔려 간 조선의 가짜 공주

 의순공주가 청나라로 간 것은 조정의 명령 때문이었으니 의순공주가 돌아오는 것도 또한 반드시 조정의 명령을 기다려야 하는 것이었습니다. 그런데 전 금림군 이개윤은 일의 체제를 생각하지 않고 조정을 업신여기며 사사로운 뜻에 끌려 멋대로 돌려 달라고 청하였으니, 국법에 있어 결코 용서할 수 없습니다. 《효종실록》

1649년 효종이 즉위한다. 그때 청나라에서는 큰 흉사가 있었다. 바로 섭정왕 도르곤의 아내 대복진(정실 중 으뜸 부인)이 사망한 것이었다. 도르곤으로서는 이참에 식민지 삼은 조선의 공주를 새 대복진으로 삼으려고 했다. 그래서 정식으로 구혼서를 조선 왕실로 집어넣는다.

효종은 고심했다. 청나라 황제의 섭정왕 도르곤의 정실 왕비 자리라면, 얼핏 생각하면 영광이다. 그러나 1637년에 정축하성, 삼궤구고두의 욕례를 치른 조선을 생각하면 원수의 마누라가 되는 것이니, 이 어찌 모욕이 아니겠는가. 효종은 우선 형인 소현세자에게 세 명의 딸이 있다는 것을 숨겼다. 그리고 그중 첫째 딸을 서둘러 혼인시킨다. 효종 자신의 딸은 두 살이라며 도저히 안 되는 혼인이라고 거짓말을 했다. 모든 종친들을 불러 의사를 타진했으나, 눈물겨운 반대 이야기만 들은 효종은, 조정 대신들의 의견도 물었다. 하나하나 북벌(北伐)의 복수 이야기만 했다. 그러나 도르곤의 청혼을 물리면 또 어떤 차별 대우가 기다리고 있을까? 밤잠을 이루지 못하고 고민하고 있을 때, 성종의 4대손 금림군 이개윤이 자신의 15세 딸 이애숙을 도르곤의 계비로 삼겠다고 했다는 이야기를 듣는다. 효종은 기뻐하면서도 이 여성의 인생이 앞으로 범상치 않을 것임에 눈물을 흘렸다고 한다.

이애숙은 1650년 4월 22일 효종의 양녀가 되어 의순공주라는 정식 지위까지 받고 청나라로 떠난다. 그녀의 친오빠 2명, 역관 5명, 시녀 16명과 유모, 몸종, 머리단장과 화장을 책임지는 여성 1명, 의녀 몇 명이 따랐다. 효종은 서대문 밖에 있는 오늘날 독립문 자리인 모화관까지 나아가 그녀를 환송했다. 그렇게 한 달을 걸어서 중국 산해관에 다다랐다. 도르곤이 마중을 나왔다. 마중 나온 인원이 무려 6만여 명이었다. 38세 도르곤과 15세 이애숙(의

순공주)의 첫 만남은 나쁘지 않았다고 한다. 이애숙은 도르곤의 충실한 부인이 되었다.

그러나 이애숙은 결혼 7개월 만에 미망인이 된다. 그녀는 하염없이 울었다고 한다. 도르곤이 죽기 전에 없애 놓은 제도가 하나 있었다. 바로 순장 제도였다. 이 제도 때문에 엄마를 잃은 도르곤으로서는 자기가 혹여 죽더라도 자기 아내를 함께 묻어 버리는 야만적인 행위만큼은 절대로 안 된다는 입장을 갖고 있었던 것으로 보인다.◆ 이애숙은 청나라 만주족의 풍습에 따라, 도르곤의 조카이자 부하 장수였던 보로의 부인이 된다. 그런데 이 보로도 1652년 2월에 사망한다(천연두에 의한 사망으로 알려져 있지만, 확실한 것은 모른다). 첫 번째 결혼은 7개월, 두 번째 결혼은 1년을 채우지 못하고 끝났으니, 참으로 기구한 팔자라고 하겠다.

1656년 4월, 청나라에 사신으로 간 이애숙의 아버지 금림군이 직접 순치황제에게 청하여 둘은 같이 조선으로 돌아왔다. 앞에서 제시한 《효종실록》의 기록은 그때 조정 대신들이 이애숙에 대해 어떻게 생각하고 말했는지 그 분위기를 설명한 것이다. 여자가 한 번 시집갔으면 죽어도 그 집 귀신이지, 어째서 마음대로 돌아왔는가 하고 비판한 대목이다. 그러나 효종은 이애숙에게 덧씌워진 모

◆ 도르곤의 아버지는 태조 누르하치, 형은 청나라 제2대 황제 홍타이지였다. 어렸을 적 아버지 누르하치가 죽었을 때 엄마인 울라나라가 함께 순장되는 비극을 겪었다. 도르곤은 이 처절한 죽음 앞에 반드시 이 왕실 비극에서 살아남겠다고 다짐한다.

든 혐의를 벗겨 주었다고 한다. 고국에 돌아오고 6년 뒤, 이애숙은 스물여덟의 나이에 조용히 숨을 거둔다.

二十四 | 장희빈은 정말 희대의 악녀였을까?

 장씨를 책봉하여 숙원(淑媛)으로 삼았다. 전에 역관 장현은 국중의 거부(巨富)로서 복창군 이정과 복선군 이남의 심복이 되었다가 경신년의 옥사에 형을 받고 멀리 유배되었는데, 장씨는 곧 장현의 종질녀이다. 나인으로 뽑혀 궁중에 들어왔는데 자못 얼굴이 아름다웠다. _《숙종실록》

우리에게 장희빈이라는 이름으로 잘 알려진 여성, 희빈 장씨는 궁녀 출신에서 후궁으로, 그리고 조선의 정실 왕비 자리까지 올랐던 인물이다.◆ 그녀는 일반 보직 궁녀(상의원 소속)로 입궁해서 숙종의 승은을 입고 숙원에 책봉된다. 소의 자리에 오르고 왕자를 낳은

◆ 조선 전기 중종의 두 번째 부인인 장경왕후 윤씨가, 간택 후궁으로 들어왔다가 정식으로 왕비에 등극한 첫 번째 케이스다.

후에는 정1품 빈의 자리에 올라 희빈이라는 명칭을 얻는다. 후일에 인현왕후 민씨가 폐비되고 왕비의 자리에 오른다.

이런 경우는 조선조뿐만 아니라 거의 모든 왕조를 통틀어 세 손가락 안에 드는 아주 드문 예이다. 중국 왕조에서도 왕조 창업주의 정실부인들을 제외하면 거의 이런 일이 없다고 봐도 무방하다. 그만큼 말단 궁녀로 들어와서 왕자와 옹주를 낳고 정실 왕비까지 되는 일은 정말 불가능에 가까울 정도로 어렵다는 것이다. 그 왕자가 원자를 거쳐 세자에 책봉되고, 아버지인 숙종의 뒤를 이어 경종에 올랐으니, 희빈 장씨의 인생행로는 거의 신화에 가깝다고 할 것이다. 장옥정이라는 본명도 알려져 있고(조선 시대 여성의 어릴 때 본명이 알려진 경우는 드물다), 더구나 그녀와 인현왕후 여흥 민씨와의 드라마틱한 대결 구도는 조선사 최고의 여성의 듀엘◆이라고 할 수 있다.

부유한 역관 장형의 딸로 태어난 장씨는, 중인이기에 간택 후궁이 되지 못하고 궁중 의상과 그 염색을 담당하는 보직 궁녀로 입궁한다. 그때 숙종은 첫 번째 왕후인 인경왕후 김씨가 있었다. 모든 권위가 가문의 당파로 귀결되던 시절, 그녀는 광산 김씨 즉 노론의 정략결혼 정책에 따라 결혼한 상대로 애정이 있을 리가 없다. 현종의 적장자로 최고의 정통성을 갖추고 있던 숙종은 어린

◆　듀엘(duel)이란 두 사람의 맞수 대결을 말한다.

시절 노론 김석주가 주도해서 반대당 남인의 모든 세력을 죽이고 쫓아내는 경신대출척(1680년)을 경험한 바, 그 후 노론 일당 독재로 이어지는 조정 상황에 막연한 반감을 가지고 있었다.

남인들은 노론의 횡포에 이를 갈며, 다시금 조정에서 주도권을 잡을 그날을 기대하며 기회를 엿보고 있었다. 이때 마침 궁궐에 들어가 있던 장옥정에게 숙종이 마음을 기울이고 있다는 첩보가 궁녀와 내관들을 통해 전달된다. 역관으로 나라의 가장 큰 재벌이었던 장형, 장현 형제(사실은 사촌 관계)는 이 기회를 통해 중인이었던 자신들도 새로운 신분 상승의 기회를 잡을 수 있으리라 확신한다. 장옥정의 출세는 세 가지의 목표를 가진다. 첫 번째, 경신대출척으로 실권한 남인과 소론 세력들이 다시금 웅비하는 계기가 되는 것이고 둘째는 노론이 출산하지 못하는 왕자를 낳아서 그 왕자를 세자로 책봉하는 것이고, 셋째는 역시 경신대출척으로 국제 무역의 주인공 자리를 잃었던 장씨 가문이 다시금 상권을 장악하는 것이다.

노론은 전통적으로 농업, 어업 그리고 축산업의 전통적 산업을 고수하는 보수 우파의 입장을 견지해 왔다. 당연히 그들은 주자 성리학의 예학을 존숭했다. 사실상 노론의 시조로 불리는 사계 김장생과 그 아들 신독재 김집이 조선 예학의 시조이자 태두임을 봐도 알 수 있다. 이들의 집안인 광산 김씨와 함께 은진 송씨(송시열), 청풍 김씨(김석주), 청송 심씨(심환지), 마지막으로 여흥 민씨(민유중, 민정중) 등으로 일별할 수 있다. 예학은 서로 다르게 함을 그 기본으로 한다. 가장 널리 알려진 예학이 사농공상의 신분제 차별이고, 선비 중에서도 한양에 사느냐 지방에 사느냐, 3대조 할아버지까지 벼슬을 했느냐 못 했느냐, 그중에서도 과거에 붙었느냐 못 붙었느냐 등을 끝까지 구별 혹은 차별하는 정책을 말한다. **당연히 그 귀결점은 '소수 기득권이 사회의 모든 특권을 차지하고 그 흘러넘치는 낙수 효과로 나머지 아랫것들을 먹여 살리는 정치'이고 나중에 이것이 결국 세도 정치로 이어질 수밖에 없는 것이다.**

이와 대조적으로 소론과 남인의 정치는 무분별한 예학을 되도록 멀리하고, 예(禮)와는 반대인 악(樂)을 강조한다. 이 악은 유교 윤리상 서로 같아짐을 추구하는 것이다. 정여립의 대동계*로부터 시작해서 장옥정이 살았던 17세기 후반에는 신분제를 타파하여 새로운 사회 질서로 나아가고자 하는 격렬한 사회 움직임이 있었음을 각종 사료에서 읽어 낼 수 있다. 장형, 장현 두 형제가 추구하던 세상은 바로 청나라-조선-왜국이 하나 된 화폐 체제하에서 국제 무역을 자유로이 진행하는 것을 뜻했다. 그러려면 조선의 기존 상단인 의주의 만상, 중강진의 중강 후시, 그 압록강 너머 책문 후시, 평양의 유상, 개성 송도의 송상, 조강 지역(현 연천 고랑포)의 경강 상인, 마지막으로 동래 지역의 상인인 내상까지 화폐 단위와

◆ 대동계는 조선 중기 문신 정여립이 자유롭고 평등한 세상을 꿈꾸며 만든 무술 연마 조직이다.

물건의 가치가 동일해야 했다.

그래서 만든 것이 상평통보(常平通寶), 즉 모든 곳에서의 물가와 가치가 동일한 상업의 천국이 되기를 바라는 금속 화폐다. 인조 때인 1633년 오리 이원익 정승의 건의로 처음 기획되었고 마침내 숙종조, 1678년 정월부터 전국에 유통되었다. 이 주도 세력이 바로 장옥정의 친정과 남인 그리고 소론 세력이었다. 불과 2년 뒤 경신대출척으로 정국의 주도권을 상실했지만, 장옥정이 숙종의 진심 어린 총애를 받게 되자, 다시금 조정으로 나아간다. 출세에 출세를 거듭해 왕비까지 올라간 장옥정이 결국 쫓겨나고 자진까지 당하지만, 그래도 그녀의 아들이 19년간 세자 보위를 지켜 결국 왕위(경종)에 오른 것을 보면, 상평통보로 구축해 놓은 사회적 자본주의의 시스템이 얼마나 탄탄했는지를 미루어 짐작할 수 있다. 그 얼마나 오랜 시간이던가. 경종 임금은 무려 19년을 장옥정의 아들이라는 이유로 노론으로부터 얼마나 정치적 공격을 당했을까!

숙종은 평생 동안 4명의 왕비를 두었다. 첫 번째 인경왕후 김씨(광산 김씨. 노론), 두 번째 인현왕후 민씨(여흥 민씨. 삼방파 노론), 세 번째 장희빈(인동 장씨. 남인·소론과 결탁한 중인), 네 번째 다시 인현왕후 민씨, 다섯 번째 인원왕후 김씨(경주 김씨. 소론. 그런데 숙종 사후 노론으로 전환)가 그들이다. 어느 당파의 어떤 규수가 왕비가 되느냐에 따라 환국 정치가 잇따랐다. 《숙종실록》은 숙종 치세 45년 11개월간의 생생한 기록이다. 숙종이 죽은 후 제작에 들어가 그 아들 경종도 죽고 난 후, 무수리 최씨의 아들 영조 즉위 4년에 이르러서야(1728년) 완성되었다. 따라서 우리가 보고 있는 모든 숙종과 장희빈의 모습은《숙종실록》에 근거한다. 그런데 이 실록은 장희빈과 그 추종 세력을 원수처럼 여기던 한 집안에 의해 제작이 좌지우지되었다. 과연 객관적이었을까.

《숙종실록》의 제작 총지휘는 인현왕후 민씨의 오빠 민진원이다. 그는 노론의 영수였다. 소론과 남인의 역사를 좋게 쓸 리가 있겠는가, 더구나 《숙종실록》이 완성되기 한 해 전에는 소론의 잔당들을 쓸어버려야 한다며, 영조에게 고집을 피우다가 역공을 당해, 지금 평양 근처 순안으로 유배당

《숙종실록》표지

하기까지 한다. 이러니 1728년 1월에 나온《숙종실록》을 놓고 당시 소론의 영수 이광좌와 조태억이 "경종의 어머니 장희빈에 대한《숙종실록》의 모든 기록이 왜곡 조작되었다. 인현왕후 민씨에 대한 역사 서술은 모조리 찬양 일색이다. 다시 써야 한다"라며 극력으로 반발했다. 결국 1728년 3월 전국의 소론 세력, 그중에서도 온건파 완소(緩少)를 제외한 강경파 급소(急少)와 준소(峻少)가 남인 세력들과 손잡고 이인좌의 난 즉 무신난이라는 초강경 무력 투쟁

을 일으킨다. 이럼에도 불구하고 《숙종실록》의 장희빈에 관한 모든 기록을 공정하다 할 수 있겠는가? 오죽 왜곡되었으면 그 내용에 대한 수정 요구가 국내 최대의 반란으로까지 이어졌겠는가?

인현왕후를 묘사한 구절에는 누구의 증손녀고 누구의 손녀고 현숙하고 뭐 태백산의 정기를 타고나고 누구의 외손이고 어디 누구를 사숙한 누구의 딸이고 이런 식으로 온갖 묘사를 해 두거늘, 장옥정은 그저 '장씨'라고 쓰고, 그저 국중 거부의 딸이고 그냥 예뻤단다. 영조 당대에는 장옥정에 대해 '천하의 요부요, 색기 가득한, 간특한 꼬리 아홉 달린 여우'라는 평가가 이뤄진 것으로 보인다. 그러니 그 기록의 수정을 놓고 소론과 남인 세력들이 영조와 노론 정권에 대해 전국적인 무력 반란까지 불사한 것이다.

자, 이제 이 책을 읽는 독자 제현께 다시 묻는다. 여기까지 읽고 어떤 생각이 드시는지? 장희빈은 과연 진짜 그냥 예쁘기만 했을까?

인현왕후의 오빠 민진원, 대규모 간척 사업을 일으키다

 민진원이 말하기를, "성을 쌓을 기지(基址)는 남산을 포함해서 한정하면 다른 사람의 총묘(塚墓)를 범하는 것이 3, 40군데에 이르는데, 이러한 큰 역사(役事)를 거행하면서 이를 돌아볼 겨를이 없을 것이니, 주인이 없는 묘는 중[僧]을 모집해서 이장하게 하고, 주인이 있는 것은 행궁이 가까운데도 모르는 체 투장(偸葬)한 것이 지극히 놀랄 만하니, 파서 옮기게 함이 마땅합니다."
_《숙종실록》

위 기사 속에 나온 민진원은 인현왕후 민씨의 오빠다. 숙종 36년인 1710년에 강화 유수(강화도를 담당하던 군수)가 되어 강화도로 떠난 민진원이 한양으로 돌아와 임금 숙종을 뵙기를 청하여 아뢴 말이다. 보아하니, 성을 쌓는 작업을 하는 모양이다. 인현왕후 민씨는 그 장희빈과 라이벌 관계를 이루던 사람이 아니던가. 그러다 보니 '숙종 36년'이라는 시기에 무척 관심이 간다. 장희빈과 인현왕후는 똑같이 1701년에 죽었는데, 1710년이라면 그로부터 약 10년 가까이 흐른 시기이다. 인현왕후는 9월에 죽었고, 그 뒤 11월에 장희빈은 인현왕후를 저주에 걸리게 하여 죽였다는 (참 말도 안되는) 죄명으로 숙종으로부터 자살형을 언도받는다. 그리하여 나무에 목매달아 죽었다는 말이 가장 정확할 것이다. 왕조실록 어디에도 장옥정이 사약을 받고 죽었다는 말은 없다. 사약을 먹고 죽었다는 말이 나오려면, 더 뒤로 가서 정미환국(1727년) 이후 영조 초기에 완성된 작자 미상의 소설 《인현왕후전》이 나와야 한다. 그때 가서야 노론의 한글 소설이 정치적 목적을 완성시키면서 백성들에게 널리 퍼져 나간다.✦

《숙종실록》에서 악인으로 왜곡 묘사된 장희빈과 경종 임금을 신원하기 위해서, 그리고 영조 즉위 이후 정권에서 배제된 데 대한 반란으로 소론과 남인 일부는 1728년 3월 전국 최대 규모의 난을 일으킨다. 이 이인좌의 난에서 당시 소론들은 정말 결사적으로 노론과 영조에게 달려들었다. 나는 이 사건을 볼 때마다 의문이

✦ 숙종이 장옥정에게 빠져 계비 인현왕후를 화병 들게 하자 서포 김만중은 한글 소설 《구운몽》을 쓴다. 예쁜 여인은 다 헛것이니 헛되도다 하는 내용이다. 이후 인현왕후가 폐위되어 궁중에서 쫓겨나고 희빈 장씨가 왕비가 되자 이에 반대한 김만중은 유배되는데 그곳에서 처첩 갈등을 다룬 소설 《사씨남정기》를 썼다고 한다. 그는 노론의 거두였다.

하나 든다. 도대체 노론 세력들은 무엇을 해 놓았기에 이렇게 자신만만하게 역사의 승자가 되는 것일까? 경제적으로 아무런 바탕이 없이 이렇게 관료제 사회에서 계속 역사의 승자가 될 수 있단 말인가? 아무도 제기하지 않았던 의문이라 나 혼자 파는 것 같았지만, 이 의문은 내 머릿속을 떠나질 않았다. 노론이라면 신분제 주자 성리학파다. 그리고 농업 중심 세력이다. 이들은 분명히 농업에서 획기적인 뭔가를 이뤄 놓았을 것이다. 대동법은 남인 계열과 탈남계 서인 김육이 해 놓은 것인데, 여기에 뭔가를 더 해 놓았단 말인가?

당대 노론 집안들의 업적부터 살펴보아야겠다. 노론 집안 첫째, 청풍 김씨. 청풍 김씨의 후손들은 김석주 이후에는 딱히 없다. 김석주는 숙종 초 사촌 누나 청풍 김씨 명성왕후의 입김으로 큰 스타일이라 별것 없다. 두 번째, 광산 김씨. 이 광산 김씨 하면 김만기, 김만중, 김춘택 등이 떠오르는데, 한글 소설가와 시조 창작자라는 타이틀을 빼면 별거 없다. 그런 걸 가지고 숙종이나 경종이나 영조가 그렇게 노론을 대단하게 여겼을 리 만무하다. 무엇이 남인과 소론을 일컬어 "나는 자네들을 무능하다고 여기네, 무능해서 정말 못 봐주겠네"라는 소리까지 숙종으로 하여금 나오게 만들었을까? 노론의 농업 관련 무엇이 그렇게 만들었을까.

여흥 민씨, 그것도 조선 말기 세도 가문인 삼방파를 들어 보자. 인현왕후 민씨가 나오고 그 아버지 항렬대인 민유중과 민정중이 나온다. 인현왕후의 오빠를 보자. 민진후와 민진원 두 형제가 나온다. 이 중 민진원을 보자. 대단히 특이한 경력이 하나 나온다. 굳이 강화 유수를 해야 할 이유가 무엇인가? 그가 강화 유수로 재직한 기간이 3년이다. 1709년에 취임해서 1712년에 그만둔 것으로 나온다. 왜 그렇게 3년이나 지방직에 자기 관료 인생을 걸었나? 그는 오늘날의 민정수석에 해당하는 동부승지를 한 직후에 강화 유수를 했고, 또 그 이후에 예조참판을 한다. 한 네 단계를 건너뛴 파격 승진이다. 이 3년 동안의 강화 유수직에서의 업적이 바로 열쇠이다. **바로 강화도, 석모도, 교동도. 이 세 서해 바다의 섬을, 150개의 제방을 쌓아 간척하여 인공 간척지를 만든 것이다.**

강화 유수라고 아무나 이런 일을 하는 게 아니다. 임진·병자 양난을 거치면서 조선은 대동법이라는 전후 복구 사업을 체계적으로 진행하여, 전쟁의 상흔으로부터 빠르게 벗어났다. 그럼에도 불구하고 1670년에 벌어진 경신 대기근, 또 1695년부터 1699년에 이르기까지 을병 대기근이라는 초자연적인 대재앙을 겪었다. 민진원은 강화 유수라는 자리에 직접 올라 대간척지를 만들어 기근을 근본적으로 없애 버리겠다는, 절묘한 민생 대책을 가지고 올라온다. 지금 강화도, 교동도, 석모도에 가 보면 가운데를 간척 사업한 대규모 평야 지대가 눈에 들어온다. 저 정도의 평야라면, 저 정도의 비옥도라면 경신 대기근과 을병 대기근은 충분히 극복되고도 남음이 있었으리라.

바로 그것이었다. 여흥 민씨 삼방파의 민진원이 가져온 민생 혁명! 예성강과 임진강 그리고 한강이 만나는 강화도 지역에 대규모 간척지를 만들어 농업 생산력을 비약적으로 끌어올린 것, 그것이 노론이 이후 18~19세기의 200여 년 동안 정국을 유리하게, 최소한 불리하지는 않게 끌어온 배경이었다. 결국 민생이었다. 민생을 어떻게 살피느냐, 민생의 어려움을 어떻게 극복하느냐 하는 문제다. 그는 수도의 조운(漕運)을 책임지는 조강(祖江) 지역 입구에 엄청난 간척지를 만들어서 해결했다. 이 노력으로 노론은 절대로 무너지지 않는 농업 혁명을 이루었다.

임진·병자 양난과 계갑 대기근을 겪으면서 조선은 오리 이원익 정승의 대동법과 명나라 만력제의 재조지은에 힘입어 경제적 난국을 헤쳐 나갔다. 이후 경신 대기근과 을병 대기근의 재해를 입으면서 100만 명, 141만 명의 비공식 피해자가 발생했다. '조선은 대동법에만 의존해서는 안 된다. 전략적 비축미를 만들어 내야 한다'라는 문제의식을 가진 노론 민진원에 의해 수도 서울과 가까운 강화도에 그토록 넓은 간척지를 만들어 낸 것이다. 거기에서 전국 쌀 생산의 1/3을 더 생산해 내서 다시는 대기근이 발생하지 않도록 만들겠다는 생각을 했던 것이다. 그러나 이것이 결국에는 노론의 보수화를 앞당겨, 그렇게 나온 쌀을 모조리 수탈할 생각, 독점할 생각, 이자 놀이할 생각 등을 하게 되니, 참으로 오호통재라. 노론이 개발했다고 해서 어찌 노론만의 것이 되는가?

二十六

게장과 감, 같이 먹으면 독약인가? 경종의 죽음 미스터리

임금의 병환이 계속 여러 날 동안 낫지 않아 수라 올리는 것마저 싫어하였는데, 이에 이르러서는 또 한열의 징후가 있어 약방에서 입진하고 약을 의논하여 시진탕을 지어 올렸다. 임금이 동궁에 있을 때부터 걱정과 두려움이 쌓여 마침내 형용하기 어려운 병을 이루었고, 해를 지낼수록 깊은 고질이 되었으며, 더운 열기가 위로 올라와서 때로는 혼미한 증상도 있었다. (중략) 임금의 체부의 외형은 왕성하나 비위 등 내장이 허하였고, 음식을 싫어하는 날수가 오래되어 마침내 한열의 증세가 발생하였다. _《경종실록》

숙종이 진심으로 사랑한 여인 장옥정. 그녀는 조선 제20대 왕인 경종의 엄마다. 생각해 보자. 임금과 왕비가 진심으로 사랑했다고 생각되는 경우가 누가 있는지? 기껏해야 세종과 소헌왕후 심씨의 사랑 개념인데, 이것도 내가 생각했을 때는 뭐 그다지 애절하지 않다. 하지만 숙종과 장희빈은 달랐다. 정말 서로 사랑한 케이스다. 그들의 아이가 정말 튼튼한 대장부라서 잘 살아갔으면 얼마나 입지전적인 삶이었겠는가! 그러나 경종 이윤은 불과 4년의 재위 끝에 요절하고 그의 이복동생 연잉군이 영조가 된다.

충주 경종 태실*
ⓒ 충주시 (출처: 국가유산청)

장희빈은 노론인 인현왕후 민씨를 질투하고 저주했다는 이유로 죽었다. 객관적인 증거가 있다고 하더라도 지금의 시각으로 볼 때, 죽이기까지 할 수는 없는 사건이었다. 이렇게 억울한 어미의 죽음 이후 그 아들은 어찌되었건 왕위를 물려받았다. 숙종은 다음 왕을 정할 때에, 바로 경종을 지목한 것은 아니었다. 1701년 장희빈이 죽었을 때 조정 관료들은 "지금의 세자가 왕위를 승계받는다면, 과거 엄마의 복수를 위해 날뛰었던 연산군의 사례가 반복되지 않을까?" 하는 불안

◆　왕실에 왕자나 공주가 태어났을 때 그 태를 모시는 곳을 태실이라고 한다.

감에 잠을 이루지 못했다. 그러니 그들은 숙종의 후궁인 명빈 박씨에게서 나온 연령군에 주목할 수밖에 없었다. 1699년에 태어나 숙종의 온갖 사랑을 독차지했던 연령군에게 대소 신료들의 관심이 쏠린 것은 당연한 사항. 1717년 그 유명한 이이명과의 정유독대 때에 숙종이 차기 왕으로 낙점한 것은 연령군이라는 민진원의 기록이 있을 정도다. 이 독대에서는 숙종이 사관도 치워 버리고 노론의 영수 이이명과 단둘이만 만났으니, 지금도 정확하게 뭐라고 의논했는지는 상상의 영역이다. (그러나 연령군은 1719년 21세에 요절한다.)

경종이 1720년에 즉위하자마자 연잉군에게 대리청정을 맡기라는 노론의 상소가 줄을 잇는다. 소론과 남인이 미는 경종과 노론이 미는 연잉군 사이의 대결 구도가 확실했다. 경종의 부인(선의왕후 어씨)이 볼 때 이는 천하에 대역무도한 집단들로 모두 쳐 죽여도 시원치 않을 것들이었다. 가장 강경한 소론이자 경종의 호위무사 역할을 자원했던 동부승지 김일경이 연잉군을 잡아서 죽이려다가, 숙종의 마지막 왕비 인원왕후 김씨가 치마 밑에 연잉군을 숨기고 내놓지 않자 실패한 일까지 있었다. 그런데 정작 경종은 매우 병약했다. 그는 장대한 체격에 당뇨병이 심하게 들어서 자꾸 기침하고 앓아누웠다. 이러니 대리청정 이야기가 나오지 않을 수 없었다. 첫 번째 단계는 연잉군으로 왕세제를 삼으라는 이야기였다. 두 번째는 왕세제로 연잉군을 삼아 대리청정을 시키라는 것이었다. 세 번째는 출산을 하지 못하는 왕을 대신해서 연잉군이 그냥 왕위에 올라 버리면 안 되겠냐는 것이었다.

소론과 남인 세력들은 당연히 극력으로 반발했다. 경종은 33세에 왕위에 올라 37세에 죽었다. 그 4년 남짓 되는 시간에 단 하루도 편히 자지 못할 정도로 노론-소론의 당파 싸움이 치열하게 벌어졌고, 그것은 오로지 경종의 후사, 좀 더 정확하게 말하자면 경종 자신의 안위와 관련이 있는 사안들이었다.

앞에서 제시한 《경종실록》에서 경종이 오한 증세를 보였다는 걸 알 수 있다. 1724년 8월 2일의 기록이다. 그로부터 수일이 지난 8월 21일의 《경종실록》의 상황으로 들어가 보자. 경종이 전날 게장과 생감을 먹었는데, 이것은 의가(醫家)에서 매우 꺼리는 것이므로 두시탕과 곽향정기산을 먹도록 청하였다는 내용이다. 경종은 병약한 와중에 왜 그 음식을 먹었을까? 우리 사회에서 높으신 분들의 식사를 보면 너무하다 싶을 정도로 음식을 가리는 것을 볼 수 있다. 건강한 보통 사람들도 음식 궁합을 맞추고 건강 기능 식품부터 약까지 신경을 쓴다. 그런데 조선의 임금이 의가에서 그렇게 안 좋다고 정평이 난 게장과 생감을 함께 먹었다니? (경종의 죽음 이후 사람들에게 불신이 커져 버려서 오늘날까지 게와 감은 함께 먹는 것을 피한다.)

분명한 것은 게와 감의 궁합은, 의가에서 말하는 상극의 음식, 즉 한번 먹으면 곧바로 사람이 거품 물고 쓰러질 정도는 아니라는 것이다. 경종은 이미 죽을병에 걸려 있었던 사람이다. 이 과정에서 수라상에 게장과 생감이 올라왔고, 그것을 먹고 변을 당한 것이다.*

◆　영조는 재위 기간 동안 경종 독살설의 의혹을 받는다.

대자보와 답안지에 분노한 영조, 나주 괘서 사건과 토역 경과

 사간 박치문이 상서하기를, "조태구·유봉휘 두 역적에게 노적을 추시하도록 하자, 인심이 모두 쾌하게 여겼습니다. 대체로 역얼(逆孽)은 모두 사나운 기운이 모인 대상들로 나이가 찬 뒤에는 스스로 세상에 용납되지 못함을 알고 원망하며 비방하는 마음을 깊이 품고서 근거 없는 사실을 꾸며 모함하고 규합하며 체결하기를 오늘날 제적(諸賊)이 하는 것과 같이 하니, 뒷날의 근심이 어찌 다함이 있겠습니까? 나이가 차기를 기다리는 법이 신은 어느 때부터 시작되었는지는 모릅니다만, 이번에 허다하게 연좌된 죄인으로 종이 되어 극변(極邊)이나 절도(絶島)에 안치된 자가 그 수가 매우 많아, 더러는 같은 고을에 종이 된 경우가 심지어 수삼 인이 되니, 그것 또한 근심을 막는 도리가 아닙니다. 더구나 남북으로 정송(定送)한 자가 더욱 많으니, 이것은 매우 염려할 만합니다. 신은 생각하기를 여인으로 종이 된 자를 제외하고 남자로 종이 된 자는 대조께 우러러 품(稟)하고 대신과 여러 신하들에게 하순하여 일체 남김없이 진멸해서 화근을 끊어 버리도록 하는 것이 적합하다고 여깁니다." 하니, 왕세자가 답을 내려 따르지 않았다. _《영조실록》

영조 31년인 1755년 3월 25일의 기사다. 여기에 언급되는 박치문은 노론 대신이다. 그는 "일체 남김없이 진멸해서 화근을 끊어 버리는 것이 적합"하다고 상소한다. 이때 승명대리*로 대리청정을 하던 왕세자가 바로 사도세자이다. 사도세자는 답을 내려 따르지 않았다. 도대체 무슨 사건이길래 화근을 끊어 버리자는 극단적인 처방을 내놓는가. 노론 대신이 죽이자고 하는 대상은 소론과 남인일 것이다. 1755년에 도대체 무슨 일이 있었을까?

1755년 1월에 전라도 나주에 괘서가 하나 붙었다. '조정에 간신들이 가득 차서 백성들이 도탄에 빠졌다'라는 내용이었다. 이 괘서를 붙인 범인은 함안 윤씨 가문의 윤지라는 사람이었다. 소론이었다. 그의 아버지 윤취상은 형조판서를 지낸 인물로 1724년 영조 즉위년에 일어난 승지 김일경의 역모 사건 때 연루되어 고문받다가 숨진 인물이다. 윤지는 자기 아들 윤광철을 시켜 나주에서 모

◆ 승명대리(承命代理)는 임금의 명으로 대신 정사를 돌보는 것을 말한다.

임을 만들고, 영조와 노론이 얼마나 나라를 망치는지를 역설했다고 한다.

윤지와 윤광철 부자는 한양으로 압송되어 고문을 받다가 숨졌다. 온 도성의 백성들이 보는 앞에서 공개 처형됐다. 그렇다. 이 영조라는 임금은 진정한 사이코패스였다. 이제부터 또다시 그의 광기가 시작된다. 약 60여 명의 소론 학자들이 참형을 당했다. 양명학자 이광사는 이에 연루되어 종신 유배형에 처해졌다. 그의 아내는 두 아들과 어리디어린 아기 딸을 남겨 두고 스스로 목숨을 끊는다.

이 반란을 진압한 성과로 영조는 1755년 5월 2일 토역(討逆) 경과(慶科)를 실시했다. 말 그대로 반란을 진압한 성과를 온 국민과 함께, 새로운 인재를 뽑는 과거를 실시해 축하하자는 뜻이다. 그런데 이때 또 하나의 역적 음모가 진행되고 있었다. 이번엔 심정연이라는 사람이었다. 시험지 전체에다가 영조 치세의 백성 도탄에 관한 글과 조정의 인물, 그리고 당시로서는 금기인 임금의 이름까지 깨알만 한 글씨로 써 놓았던 것이다. 영조는 기가 막혔다. 그토록 많이 죽였으면 이제는 아니겠지 하고 생각했을 것이다. 게장과 감으로 경종을 죽이고 왕이 되었다는 이야기를 그토록 부정하고, 자신에게 반하는 이들을 그토록 죽였으면 이제는 잠잠하겠지 하고 스스로를 어르고 달랬으나, 영조 스스로를 또다시 극복하지 못한다. 그리고 더 엄청난 살육극을 벌인다. 이 사건에서 영

조는 스스로도 "이날 술에 취해 제정신이 아니었다"라고 밝힐 정
도로[*] 이성을 완전히 잃었다. 무려
500여 명의 소론 급진파들이 죽었다.
참형이었다.

이 사건으로 소론은 궤멸적인 타
격을 받았다. 조선 후기에서조차 제대
로 설 수 없을 정도였다. 1756년 영조
는 노론의 정신적인 맹주인 송시열과
송준길을 문묘(공자 묘)에 배향했다.
이제 국가의 이념은 농업 중심주의,
신분제 강화를 외친 노론 일당주의였
다. 여기에 반기를 드는 사람은 용서
하지 않겠다는 극우적인 생각이었다.

이에 반기를 들고 나온 것이 사도세자이다. 사도세자는 앞서 실록
에서 알 수 있듯 노론 대신 박치문이 소론 죄인을 모조리 진멸해
야 한다고 말했을 때 답하지 않았다. 이 행동은 아버지 영조로 하
여금 정말 열받게 만드는 것이었다. "너는 뭔데 그러한 불경한 행
동을 내 앞에서 하느냐?"라고 일갈했으나 사도세자는 "임금의 도
리는 탕탕평평 탕평이 아니겠습니까. 어찌하여 충성스러운 대소

◆ 《영조실록》 등 기록을 통해 사실에 기반해서 필자가 유추했다.

신료들을 이렇게 모조리 죽이라 하시나이까?"라고 받아쳤다. 영조는 당연히 극단적으로 화를 냈다.

사도세자는 1755년 5월 이후로 영조와 사사건건 부딪혔다. 소론과 남인 500여 명을 죽이거나 노비로 만든 영조에게 그 아들은 "이게 아버지인가 짐승인가" 싶어 말을 하기가 어려웠을 것이다. 신분제는 무너지고 있고, 전체적으로 농업이 아닌 상공업이 대세인데, 어째서 아버지는 저렇게 농업 중심주의로 극단적으로 기울어 있을까. 노론은 노론대로 승명대리 사도세자의 일거수일투족을 감시했다. 그들은 왕 영조의 뒷배를 믿고 궁궐 내의 내시, 상궁, 무수리, 나인 등을 모두 포섭해 사도세자를 감시하게 했다.

二十八 | 영조는 왜 술을 빚지도 먹지도 못하게 했을까?

 금주령은 날로 엄하였으나 범하는 자는 그래도 그치지 않았다. 과천에 술이 있다 하여 그 지방관을 귀양 보냈고, 또 강화도의 선상(船商) 중에 범한 자가 있으므로 강화 유수를 파직하였으며, 지방관인 양천 현감을 귀양 보내고, (중략) 또 영광의 뱃사람이 경강(京江)에서 술을 마셨다 하여 영광 군수 윤면동을 남쪽 연변(沿邊)에 귀양 보냈다. _《영조실록》

술에 대해 도시 전설 같은 이야기가 하나 있다. 서양은 물에 석회가 많아 물 대신 술이 발달했지만, 우리나라는 물이 워낙 좋아서 술이 발달하지 못했다고 하는 말이다. 이 말 같지도 않은 소리가 먹혔는지 지금 상당수의 대한민국 사람들이 이 신화 같은 소리를 믿고 있다. 세상에 그런 법이 어디 있는가? 물이 좋지 않기에 프랑스는 포도 딱 하나만을 가지고 발효시켜서 와인을 만들었고, 물이 좋지 않기에 그 넓은 러시아 땅에서 보드카 하나만 살아남았다. 그렇다면 물이 좋은 고장에서는 더욱더 많은 양의 술을 담가 먹었어야 말이 된다. 우리나라에는 전통술이라는 게 없었을까?

앞서 이야기한 1755년 나주 벽서 사건과 토역 경과 사건을 거치면서 수많은 소론 양반들과 그 식솔들을 사법 살인해 버린 영조는, 그 이듬해 1756년부터 뜬금없이 전국에 금주령을 내린다. 전국의 모든 집안에 술을 빚지도 먹지도 말라고 강력한 처벌을 예고했다. 자신이 작년에 술에 취한 채로 그 엄청난 살인을 저질러 놓고 겁이 더럭 났던 것인지(아니면 이제 노론 일당 독재를 하게 되었으니, 자기 마음대로 해도 된다는 것인지 모르겠다). 하여간 약 10년 만에 폐지될 때까지 이 금주령은 매우 강압적으로 전국에 시행되었다.

나는 술을 먹지 않는다(따라서 금주령에 피해 볼 것은 없다). 그런데 소주나 맥주, 양주를 안 먹는다는 것이지 전통주는 문제가 다르다. 우리 전통주는 각 지역의 특산품과 결합되어 있어 먹음직스럽다. 그 지역에서 나는 야채, 생선, 고기, 나무 등으로 만든 증류주다. 충남 청양의 구기자주는 산모가 젖이 제대로 돌지 않을 때 먹이는 술이라고도 했고, 이화주는 영양가가 높고 단맛이 나기에 아기들에게 젖 대신 먹였다는 기록이 전해 온다. 그런데 그건 기록일 뿐이다. 실제 어떤 술이었는지 우리는 알 길이 없다. 참으로 안타깝다. 이게 다 영조 때문이다.

임금이 그토록 살벌하게 술을 금지하고, 더군다나 금주령 도중인 1762년 윤5월 21일 자기 아들 사도세자를 뒤주에 넣어 굶겨 죽이기까지 하니* 어느 백성이 술을 먹거나 빚겠는가? 금주령은 백성들에게 술만 뺏은 게 아니었다. 우선, 각 마을별로 술도가를 담당하는 사람, 술을 팔러 다니는 사람 등이 있었는데 이들에게 직업을 송두리째 빼앗아 버린다. 사도세자는 이를 반대했다. 신분제가 무너지고 있는 와중에 새로 상공업을 일으켜야 하는데, 이미 있는 상공업마저 흔들고 빼앗다니, 내 아버지이지만 제정신인가 하는 생각을 했으리라. 두 번째로 조선 팔도 각 마을별로 담론 공간을 없애 버렸다. 금주령 이전에는 고된 농사일을 마치고 술을 마시며 이야기를 하면서 정도 쌓고 스트레스를 풀었다. 당연히 나라님 욕도 하고, 관아 수령에 관한 욕도 한다. 자연스러운 일이다. 그걸 싫어하는 사람은 정치를 해서는 안 된다. 그런데 술을 금지하면 마을의 주막도 없어진다. 이는 모여서 이야기하고 나라님 욕하는 것을 아예 막아 버리겠다는 뜻과 같다. 바로 1755년의 나주 벽서, 토역 경과 사건에서 영조가 소론 수백 명을 제거한 사건, 그리고 그 이후에 벌어진 각종 탄압 사건, 또 결정적으로 1762년의 임오화변 사건 등에 대해 일반 백성들은 모여서 아무 말도 하지 말라는 것과 같다. 술을 없앤다는 그 기발한 발상이 10년 가까이

◆　사도세자가 아버지인 영조에 의해 뒤주에서 죽은 사건을 임오화변이라고 한다.

나 가면서 각 가문과 지방에 내려오던 가양주(家釀酒)의 전통주들은 죄다 명맥이 끊어졌다.

우리나라 민속주들

술은 각 가문과 지역에 따라 정말 다양한 형태로 존재했다. 조선 시대 문헌에 등장한 전통주는 총 400여 종, 그 외에 기록되지 않은 것까지 다 합하면 천여 가지에 달했던 것으로 보인다. 우리 민족의 역사와 함께한 전통주의 종류는 영조의 삘짓거리 한 방에 크게 줄었고, 추후 일제 강점기를 거치면서 1916년 조선총독부의 주세령에 따라 소규모 양조장은 모두 없어졌다. 술을 집에서 빚으면 흉년이 들었을 때 술 담그느라 식량이 모자란다는 희대의 헛소리와 함께, 영조의 금주령을 금과옥조처럼 모신 노론 가문 일당 독재의 희생양 우리 전통주. 그 명맥을 지금 되살려야 한다.

二十九 | 정조 이산은 왜 아버지의 능을 옮겼나

 신원(新園)의 호를 '현릉(顯隆)'이라고 의논해 정하였다.

_《정조실록》

"나는 사도세자의 아들이다"라고 일갈하며 1776년 왕위에 오른 정조는 모든 노론 대신들의 갑론을박의 대상이었다. 아버지 사도세자가 죽은 임오화변 때 그는 11세의 어린 세손이었다. 그로부터 14년이 지난 후 스물다섯 청년 임금의 입에서 나온 소리는 앞으로 피바람이 불 것이라는 예고와 같았기 때문이다. 이는 임오화변을 주도했던 노론 벽파 대신들의 앞날에 먹구름을 드리우는 언급이었다.

정조는 즉위하자마자 칼을 뽑아 들었다. 영조의 서녀이자 사도세자를 가장 괴롭힌 화완옹주의 부군 정치달의 양자이자 소론의 배신자 정후겸을 귀양 보낸 후, 처형하였다. 정후겸은 죽으면서 다음과 같이 말했다. "내 이리 억울하게 죽는다. 역적의 아들놈이 내게 역적이라 함은, 내가 조선 왕조의 충신이라는 증명이 아니겠는가?" 이 정후겸의 입장이 당시 모든 노론 대신들의 마음을 명확하게 대변하고 있다.

가장 대표적으로 구선복이라는 인간이 있다. 1786년에 죽었다. 1762년에 그는 선전관을 역임했는데, 사도세자가 갇힌 뒤주를 지키는 임무를 맡았다. 사도세자가 "거기 밖에 누구냐?"라고 물었을 때, 구선복은 "선전관입니다"라고 매우 힘없이 답했다. 성의가 없었던 것이다. 11세의 정조가 이를 모두 지켜보고 있었다. 구선복은 매우 근시안적인 인물이었다. '사도세자가 저 꼴이 났는데, 지금 세손이 누구인지가 뭐가 중요한가? 세손도 분명히 다른 사람으로 교체될 것이다' 하고 믿고 있었다. 그런데 그는 정조 즉위 후 병조판서, 형조판서 등을 거쳐 어영대장이 되었다가 1783년에 훈련대장에 복귀한다. 정조가 무능하다고 볼 수 있을까?

정조 재위 10년 만에 구선복은 처형당한다. 정조는 매우 주도면밀한 사람이었다. 자신이 왕으로서 압도적인 힘을 행사할 수 있을 때까지 기다린 것이었다. 구선복을 처단한 정조는 아버지 사도세자의 묘 영우원을 옮길 준비에 몰두한다. 수원 화성에 그 묘소를 마련해 현륭원이라고 이름 붙였다. 현군이 될 수 있었으나 비참하게 삶을 마감한 사도세자에게 조선 최고의 명당을 제공한다는 명분이 정확했다.

그런데 조금만 더 나아가 보자. 드라마 등에서 정조 임금은 환상적인 남성으로 그려진다. 키 크고 잘생기고, 말 잘하고, 공부 잘하고, 운동도 잘하고, 따라서 엄청난 사람이라고 묘사된다. 뭐든지 진보적이었던 그 정조가 조금만 더 오래 살았더라면, 이렇게 생각을 많이 하는 것 같다. 대단히 미안하지만 그렇게 멋있는 사람은 아니라는 게 내 생각이다. 가계도를 보면 답이 나오는데, 정조의 비인 효의왕후 김씨, 후궁인 원빈 홍씨(홍국영의 여동생)와 화빈 윤씨가 상상 임신을 해서 정조를 큰 근심에 빠트렸다고 한다. 생각해 보자. 왕비와 후궁이 상상 임신을 자꾸 한다는 건 무엇을 의미하는가? 후사에 대한 관심과 기대가 지대하다는 것을 의미한다. 조정이 노론 대신들로 꽉 차 있는 상황. 후손을 낳아서 적어도 왕자가 20대가 되었을 때에는 왕위를 물려줘야 하는데, 그것이 계산대로 안 되기 때문에 왕의 부인들이 자꾸 상상 임신을 하게 되는 것이다.

이런 상황에서 정조의 이복동생 은전군(사도세자의 후궁 경빈 박씨의 소생)이 역모 사건에 관련되고, 결국 사사된다. 정조 재위 2년만의 일이다. 은전군은 "내가 무슨 죄가 있어서 죽어야 하는가?"라고 형에게 엄청나게 반항했다고 전해진다. 자신의 뜻과는 관계없이 노론에 의해 추대되었다는 것이다. 은전군은 죽으면서 정조에게 온갖 악담을 퍼부었다고 한다. "내가 반드시 네놈의 자손을 퍼트리지 못하게 하겠다." 이 발언이 무엇을 의미하는가? 그때는 18세기다. 미신이나 저주는 당시 사람들에게 강력한 힘을 가졌다. 정조에게도 적용되었을 것이다.

은전군의 어머니 경빈 박씨는 사도세자에게 맞아 죽은 사람이다. 그리고 은전군 자신도 어렸을 적 사도세자에 의해서 궁궐 연못에 던져졌다. 이것을 마침 본 정순대비에 의해서 구사일생으로 살아났다. 그래서 별명도 하엽생(荷葉生), 즉 연꽃이 살린 아이라는 뜻이다. 이런 와중에도 별다른 모반의 뜻을 가지지 않다가 주변 노론들의 흉계로 인해, 정말 타의에 의해 죽음에 이르게 되어 몸 부림치는 동생을 죽여야 할 때 정조는 어떤 기분이었을까? 그 이후 자신의 부인들이 자꾸 상상 임신과 사산을 겪고, 결국 죽는 일이 벌어진다면* 얼마나 비참한 마음이었을까.

정조가 아버지 사도세자의 능을 현륭원으로 옮긴 데에는 사도세자의 후궁 경빈 박씨의 혼을 달래고자 하는 뜻도 함께 있었다고 보아야 한다. 또한 은전군에 대한 절통한 그리고 미안한 감정도 함께 있었다고 봐야 한다. 현륭원은 후일 고종에 의해 사도세자가 장조로 추존됨에 따라 융릉(隆陵)이라고 칭해졌다. 정조 사후 그의 개혁 정치는 모조리 부정되었고, 다음 왕인 순조의 퇴행 정치 그리고 외척 신(新) 안동 김씨의 세도 정치가 시작된다. 모든 것이 경

◆ 정조의 후궁 의빈 성씨는 세자와 옹주를 낳았으나 모두 병으로 잃었고, 그녀 역시 임신 9개월의 몸으로 사망했다.

빈 박씨의 죽음과 은전군의 억울한 원혼 때문이라고 보기에, 조선의 19세기는 큰 비극이다.

정조의 현륭원 행차
(출처 : 국립중앙박물관)

조선 궁궐사 최악의 남매는?

 문녀에게 사약을 내렸으니, 대신과 삼사에서 번갈아 차자를 올려 아뢰면서 치법(置法)할 것을 힘써 청한 때문이었다. 이에 이르러 임금이 여러 대신을 소견하고 하교하기를, "법으로 처단할 것을 오히려 지금까지 지체한 것은 차마 못해서가 아니고 또한 지연시키려고 한 것도 아니다. 인산(因山)이 지나기를 기다린 것이다. 우제(虞祭)와 졸곡(卒哭)이 비록 지났으나 또 청재(淸齋)할 때를 만났으니 우선 일이 끝나기를 기다려야 하고, 대신과 삼사의 차자를 다만 거스르기 어려울 뿐만 아니라, 고요히 생각해 보니 17일에 마땅히 경모궁을 참배하여야 하니, 내가 어찌 천천히 며칠이 지나기를 기다리면서 용단의 방도를 생각하지 않을 수 있겠는가? 국수(國讐)의 설치(雪恥)를 어찌 해가 저물기를 기다리겠는가마는 전형(典刑)을 통쾌히 바로잡는 데 이르러서는 문녀를 위

해서가 아니라 참작하여 헤아리는 바가 없지 않으니, 안치(安置)
한 죄인 문녀는 그가 자진케 하라" 하였다. _《정조실록》

조선은 1392년에 건국되어 1910년에 이르기까지 518년 동안
27명이 왕위에 올랐고, 몇 명은 추존되기도 하였다. 이 기간 동안
최악의 악녀로서 궁궐을 뒤흔든 자는 누구였을까? 참 입에 올리
기도 뭐한 사람이 한 명 있다. 장녹수? 귀인 조씨? 상궁 김씨? 아
니다. 숙의 문씨이다. 조선 제21대 왕 영조의 후궁이다. 조선 역사
에서 이보다 나쁜 사람은 정말 찾아보기 어렵다. 우선 이 '문녀'◆
가 어떻게 영조의 눈에 들어 후궁의 자리를 꿰찰 수 있었는지부터
보자. 상상력을 나쁜 쪽으로 발전시켜 보잔 말이다.

　혜경궁 홍씨의 《한중록》에 의거하면 1751년 12월 영조의 큰아
들 효장세자의 부인 현빈궁이 죽는다. 이 초상은 생각보다 크게
치러지는데, 며느리의 죽음을 너무나 애통해한 영조는 그 자리에
일주일을 머문다. 그곳에서 문씨라는 궁인 여성을 건드린다(원래
상중에는 여성을 가까이해서는 안 된다). 영조는 현빈궁의 한 전각을 그
녀에게 내주면서 거처하게 했다. 그 이후 1753년 3월 12일 회임과
동시에 그녀를 소원에 봉한다. 이후 1771년 숙의로 승격된다.

　문제는 1752년부터 이 문씨의 행동이 도를 지나쳤다는 것이다.

◆　숙의 문씨는 정조의 명에 의해 작위를 발탁당한 후 문녀(文女)라는 격하된 호칭으로
　실록에 기록되었다.

영조에게 사도세자를 향한 미움이 있다는 것을 간파한 문녀는 하루가 멀다 하고 영조에게 사도세자의 비행을 까바쳤다. '까바쳤다'라는 말에 주목하자, 사소한 잘못은 더욱 크게, 잘한 것도 관점을 비틀어 잘못한 것으로 고자질했다는 뜻이다. 이때 진짜 최악의 남성을 우리는 볼 수 있다. 바로 문녀의 오빠 문성국이다. 누이동생을 앞세워 별감 노릇을 하면서, 온갖 모사로 천하의 사도세자를 못살게 굴더니, 누이동생이 회임을 하자 대놓고 사도세자를 모욕하기 시작한다. "우리 여동생이 아들만 딱 낳아 봐. 너 같은 건 그냥" 하기 일쑤였다. 여기에 여동생은 오히려 "세자가 얼마나 잘못하면 저런 식으로 매일 모욕을 주겠소?"라면서 비웃기나 했다. 그런데 정작 문제는 영조였다. 영조는 문성국으로부터 매일매일 저잣거리의 농담들을 주워들으면서 허허허 웃곤 했는데 저잣거리 농담 반, 사도세자 흉 반이었다. 이런 몰지각한 행태에 사도세자는 하루하루가 미칠 지경이었으리라.◆

영조는 1752년 1월 1일부터 기존의 임금으로서의 모든 권위까지 다 내팽개칠 정도로 문녀와 문성국 남매에게 푹 빠졌다. 문녀는 소원 때 2명의 옹주를 낳았는데, 임신했을 때 위세가 아주 당당했다. "이번에 아들만 낳으면 저 세자를 물리치고 내 아들이 왕이될 것이다"라고 공공연하게 떠들고 다녔고, 특히 문성국은 사도세

◆ 이 이야기는 《영조실록》에 기반하여 필자의 상상력을 더해 썼다.

자를 보면 아주 잡아먹을 듯이 으르렁거렸다. 노론 대신들은 이를 보고 "참으로 잘한다. 나라가 똑바로 돌아가려면, 저런 광대가 하나쯤 있어야 한다"고 했다 하니, 나라 꼴 정말 잘 돌아간다는 이야기가 절로 나온다. 그러나 둘 다 옹주였고, 사가에서 남자 아기 하나를 돈 주고 데려오려다가 어떤 조정 관헌의 용기 있는 내부 고발로 실패했다. 노론 대신들이 이를 무척 안타까워했다는데, 그 사실이 참으로 놀랍다.

영조가 죽고 난 후 정조가 왕좌에 올랐다. 문성국의 궁 안 출입은 금지되었고 문녀는 가택 연금 상태에 들어갔다. **영조의 국상이 끝나고 난 직후, 정조는 처절하게 울부짖는다. 이것보다 처절한 구절은 실록에 없다.** "아! 문성국의 하늘에 맞닿고 땅에 극하는 죄악은, 내가 마음을 썩히고 뼈에 새기며 분을 품고 애통을 씹게 되는 것이다. 만일 오늘날에 있어서 환하게 유시하지 않는다면 백관과 만민들이 어떻게 이 역적의 본말을 알고서, 하늘에 맞닿고 땅에 극하는 죄악을 함께 분개하고 통탄할 수 있겠는가?"

정조는 숙의 문씨에게 사약을 내렸고, 문성국은 사지를 찢어서 죽였다. 문씨 남매의 엄마는 관비로 격하시켜 제주도에 보냈다. 정조에게 그 남매는 살아서는 안 되는 악귀의 표상이었던 것이다. 할아버지와 아버지 사이를 갈라놓고 결국 자기 아버지를 비참하게 죽게 만든 원흉이기에.

三十一 | 어머니를 향한 정조의 마음과 김홍도의 후불탱화

삼세여래후불탱화 ⓒ 용주사 (출처: 국가유산청)

단원 김홍도. 1745년에 태어나 조선 최고의 화공으로 활약했다.

그는 영조 때 청년기를 보내다가 조선 정조 때 화려하게 꽃피우고 순조 때에 죽었다. 그 어머니가 인동 장씨, 바로 숙종의 사랑을 독차지한 장희빈의 외가 쪽 후손이다. 앞에서 제시한 그림은 정조 때 김홍도가 그린 것으로 추정된다. 그림 가운데를 보면 '주상 전하 수만세, 자궁 저하 수만세, 왕비 전하 수만세, 세자 저하 수만세'라고 적혀 있는 축원문이 보인다. 주상 전하는 정조 임금을, 왕비 전하는 효의왕후 김씨를 의미한다. 그리고 자궁 저하는 자궁(慈宮) 즉 사랑하는 어머니라는 뜻으로 혜경궁 홍씨를 의미한다. 왕비보다 위계상 아래인 자궁을 앞에 쓴 것은 정조의 직접 지시가 아니고서는 불가능하다. 용주사가 세워지고 난 직후인 1791년 1월에 정조가 '축원 문구를 어떻게 할까요'라는 단원 김홍도의 말에 자신의 어머니를 자신과 함께 넣으라고 했기 때문에 가능해진 축원문이라는 말이다. 김홍도는 어떤 사람이고 왜 이 그림을 그리게 되었을까?[◆]

그는 1784년부터는 경상도 안동의 안기역 찰방[◆◆]이 되어 2년 5개월간 근무했다. 1787년부터 2년간 기록이 없다. 정조의 명으로 북경에 갔을 것이라는 설이 유력하다. 서학의 스테인드글라스, 즉 성당 유리에 새겨 넣는 류의 그림을 배워 오라는 명령을 듣고 중국에 가서 그림을 공부했을 것이라고 본다. 용주사 후불탱화의 삼

◆ 이 용주사 후불탱화는 조선 후기에 다른 화승이 김홍도의 그림을 모본 삼아 새로 그린 그림이라는 추정도 유력하다.
◆◆ 찰방은 조선 시대 각 도의 역참(驛站)을 관리하던 종6품의 외관직이다.

존불은 기독교 성화의 삼위일체*를 상징한다. 1790년에 사도세자와 영조의 갈등을 그린다는 것은 아무리 주상인 정조라도 개인적 의지로서는 불가능에 가까웠다. 그래서 정조의 명령을 받고, 2년간 북경에 가서 열심히 서양화를 공부한 뒤, 돌아와 용주사의 완성과 함께 저 그림을 그린 것이다.

단원 김홍도의 작품은 씨름하는 장날, 서당에서의 학동들 등을 그린 풍속화가 많다. 이는 모두 정조에게 바치는 백성들의 살아 있는 모습을 그린 보고서였다. 그는 충청북도 괴산에 가서 연풍 현감을 하는데 이때에도 서당, 타작, 기와 잇기, 어장, 활쏘기, 춤추는 아이, 논갈이, 빨래터, 고누놀이, 행상, 장터길, 자리 짜기, 점 보는 사람, 점심 먹는 풍경, 주막, 대장간, 담배 썰기, 길쌈, 나룻배 등의 걸작 화보를 그려 냈다. 이 모든 것은 단원의 천재성과 백성들을 사랑하는 마음에서 나왔다. 그것을 정조가 알았기 때문에 김홍도에게 후불탱화를 그리게 만든 것이다.

정조가 수원 화성을 기획하고 실현할 때, 호조(戸曹)에 예비 타당성 조사를 시킨다. 호조가 계산을 해 보니, 약 20년 가까이 걸린다고 보고한다. 하지 말라는 뜻이다. 이에 정조는 실학자 정약용을 시켜 다시금 조사하라고 한다. 정약용은 거중기(擧重機)를 사용할 시 약 6년이면 된다고 보고한다. 그래서 정조는 밀어붙인다.

◆   삼위일체란 성부-성자-성령의 현신이다. 아버지왕 격인 영조와 자신(정조) 그리고
    성령의 추존왕 장조(사도세자)의 의미이다.

1794년에 짓기 시작해서 1796년에 수원 화성을 완공했다. 거기에 조선의 새로운 수도를 건설하려고 했다. 노론들이 장악한 한양을 벗어나서 이상향적인 조선을 새로 짓기 위한 첫 삽이었다. **수원은 조선 최고의 명당이라고 평가받던 곳이었다. 노론 벽파에 의해 억울하게 희생된 아버지 사도세자를 위한 묘를 옮기고 거기에 용주사라는 절까지 세웠다.**

정조는 백성들을 팔도에서 끌어왔다. 그리고 임금을 주어 가면서 일을 시켰다. 정약전과 정약용으로 하여금 그 모든 것을 감독하게 했다. 그리고 수원 화성을 건설하면서 저수지를 매립한 대유둔이라는 땅을 평민들(노동을 제공한)에게 주었다. 이렇게 신개념으로 일을 시키니 딱 3년 만에 그 큰 수원 화성을 완공시킨 것이다. 맨 처음 현륭원을 만들고, 그다음 자기 묫자리 건릉을 만들고, 그다음 용주사를 건립해 후불탱화를 그리게 하고, 가장 마지막으로 수도를 수원으로 옮기려고 한 것이다.

三十二 | 정조 이산이 읽고 통곡한 책은?

 이와 같이 나는 들었다. 한때, 남방으로 내려가던 석가세존께서 길가에 한 무더기의 뼈를 보시고는 오체를 땅에 던지다시피 하며 절을 하셨다. 이를 보고 제자들이 '세상이 존경하는 자비로운 아버지시온데, 어찌하여 마른 뼈에 절을 하시나이까?' 하고 사뢰자 이렇게 답하셨다. '너는 아직도 진리를 깨닫지 못하였구나, 이 한 무더기의 뼈는 혹 전생의 내 부모일 수 있으므로, 절을 하는 것이다.' 그러고는 제자에게 이르셨다. '네가 한 무더기의 뼈를 두 조각으로 나누어 보거라. 만일 남자의 뼈라면 희고 무거울 것이며, 만일 여인의 뼈라면 검고 가벼울 것이니라.' 그러니 제자들이 묻거늘 '어찌하여 그렇습니까'라고 하니 세존께서 가라사대 '너희들이 생각하는 것보다 출산과 육아의 고통이 크나니, 여인이라면, 출산 때에 많은 피를 흘리고, 젖을 먹이느라 또 많은 피를 정조가 살면서 겪은 노이로제가 있다. 노론 대신들 중 누군가가 자기를 죽일 수도 있다는 불안감이었다. 이는 그가 11세 때, 자신의 할아버지가 아버지를 죽이는 것을 직접 목격한 데서 촉발되어 1800년 49세에 죽을 때까지 계속되었다. 죽기 몇 달 전에도 오회연교(五晦筵敎), 즉 5월 월말에 하는 경연장에서 내린 임금의 가르침이 노론 대신들에 의해 거절되었는데, 그 방식이 매우 고약했다. 정약용과 정약전, 정약종 삼 형제를 제외하고는 거의 모든(초계문신들마저도) 노론 대신들이 정조의 하교를 반대해서 거의 나자빠지게 만들었다.

오회연교의 내용이 뭐냐 하면, 의리론을 정조 자신의 왕권 강화론으로 바꾸자는 내용이다. 의리론이란 신임의리와 임오의리를 말하는 것으로, 신임의리란 1721년 신축년부터 1722년 임인년까지의 앞글자만을 딴 개념이다. 훗날 영조가 되는 연잉군을 지지하다가 곤란을 겪은 노론의 의리를 강조하는 개념이다. 임오의리란 1762년 임오화변 때에 사도세자를 편들다가 거의 궤멸당한 소론의 의리를 말한다. 결국 정조의 이야기는 노론과 소론 모두 과거의 습속에 매달리지 말고 왕의 새로운 지시 개념에 순종하라는 의

◆ 《불설대보부모은중경》은 부모의 은혜에 대한 부처님의 가르침을 담은 불교 경전으로 중국 당나라 때 쓰였다. '부모은중경', '은중경'으로도 부른다.

의를 가지고 있다. 이 사태가 난 배경에는 우의정 이시수의 동생 이만수가 이조판서를 하려고 한 데 있었다. 친형제가 종2품 이상 올라갈 때에는 상피제*를 실시해야 함에도 불구하고 정조는 이만수를 이조판서에 임명했다. 노론 김이재와 김이익 두 사람은 이를 강력하게 반대하였는데, 여기에 대하여 정조는 상피제는 케케묵은 습속이라고 강하게 비판하면서, 새로운 군신의리를 창조할 것을 강조했다.

이처럼 정조는 끝없는 노소론 당쟁에 피가 마를 지경이었다. 그는 새로운 사상을 찾았다. 기독교인 서학에도 관심을 가져 보고, 불교에도 깊은 관심을 가졌다. 그의 불교에 대한 관심은 용주사 절을 창건한 데에서 드러난다. 원래 정조는 유교 성리학의 초엘리트였다. 노론 대신들에 대한 열등감에 누구보다도 학문에 정진하면서 불교를 억압하는 데 앞장섰던 사람이다. 정조 대에 와서 승려의 도성 출입을 금지하는 조치가 내려졌을 정도다. 정조는, 불교에는 속세를 버리고 출가한다는 개념이 있으므로 충효 사상과는 아무런 관련이 없다고 생각했다. 그러나 장흥 보림사의 보경 스님으로부터 《부모은중경》이라는 경전을 접한 뒤 생각이 싹 바뀌었다. 이 경전을 읽고, 또 보경스님에게 독경을 지시하고 그 해석을 의뢰한 바 자신을 평생 억눌렀던 아버지 사도세자에 대한 온

◆ 조선 시대 상피제(相避制)는 친족 간에 같은 행정 조직에 근무하거나 어떤 지방에 특별한 연고가 있는 관리는 그 지방에 파견되지 못하게 한 제도이다.

갖 감정이 사라지는 신비한 경험을 한다. 정조에게 이 경험을 가능케 한《부모은중경》의 내용은 앞서 제시한 기록에 나와 있다. 그 뒤에 이어서 제자들이 석가세존께 어머니의 은혜가 어떤 것인지 구체적으로 말해 달라 했더니, 다음의 열 가지를 든다.

첫째 아이를 배어서 지키고 보호해 주신 은혜, 둘째 아이를 낳으실 때 고통을 받으시는 은혜, 셋째 자식을 낳고 근심을 버리신 은혜, 넷째 쓴 것은 삼키시고 단것은 뱉어 먹이시는 은혜, 다섯째 아기는 마른 데로 누이시고 자신은 젖은 자리에 누우시는 은혜, 여섯째 젖을 먹여 길러 주신 은혜, 일곱째 깨끗하지 못한 것을 씻어 주시는 은혜, 여덟째 자식이 멀리 나가 걱정하시는 은혜, 아홉째 자식을 위하는 마음으로 나쁜 업을 행하시는 은혜, 열째 끝없는 자식 사랑으로 애태우시는 은혜이다. 부모님의 은혜는 평생 갚기가 불가능하다는 것을 강조한다.

정조는 뜨거운 눈물을 흘렸다. 부모님에 대한 모든 복합한 감정이 실타래 풀

용주사 부모은중경판의 밑그림 중 하나, 김홍도 작품 (출처: 한국데이터베이스산업진흥원)

어지듯 풀어졌다. 아버지 사도세자와 어머니 혜경궁 홍씨에 대한 효도의 감정이 불타올랐다. 정조는 단원 김홍도를 불렀다. 경전의 내용을 그림으로 그리라고 명했다. 그림으로만 남길 것이 아니라 아예 판화로 남기라고 했다. 밑그림은 단원이 그렸다. 그리고 판화에 정성껏 새겼다. 그리고 용주사에 보관했다. 천하의 효 중심 사찰 용주사에 딱 어울리는 경판이다.

나주 기생과 신 안동 김씨가 합작한 최악의 매관매직 사태

99칸 규모였다고 전해지는 김좌근 고택 ⓒ Twotwo2019 (Wiki Commons)

조선의 19세기는 그야말로 혼돈과 종말의 세기였다. 그 100여 년 동안 우리는 긍정적인 역사를 하나도 볼 수가 없다. 모두가 나라

망해 가는 소리뿐이다. 왕권은 왜 그렇게 약했는지, 제대로 된 개혁 정치라는 것은 과연 없었는지. 후술할 홍선 대원군이 있긴 하지만, 그래도 결국 실패다. 19세기의 결과물은 1910년 경술국치였으니, 19세기 조선 조정에서 한 가닥 한다고 자신만만했던 사람과 집안들은 모두 20세기에 입 다물고 고개 숙이고 공적인 자리에 나오지 말았어야 하는데, 어디 현실이 그러하던가. 20세기 들어서 일제 강점기로 36년을 보낼 때, 19세기에 조선 조정에서 껄떡거리던 것들이 친일파로 변신하여 중추원 참의 따위나 맡으면서 여전히 "조선은 아직 미개해서 안 돼" 식의 망언이나 내뱉었고, 결국 해방이 되고 나서도 계속 가문의 압도적인 지위를 해 먹으려고, 오늘날까지 노력하고 있다. 누군가가 그들의 뿌리를 친일파라고 하면, 사자 명예 훼손이라는 둥 기록을 가져와 보라는 둥, 전심 전력을 다해 자신들을 변호하려는 모습을 보면 만정이 다 떨어진다. (이런 장면이 한두 개가 아니다.)

18세기 말에 태어나 19세기 1869년에 죽은 신 안동 김씨 중 장동◆ 김씨 김좌근은 어떠한 인생을 살았는가? 노론 시파 김조순의 아들로 태어나 42세에 과거에 합격했다. 그 이전에 순조 때는 부모의 음서로 관직에 진출했는데, 42세에 다시 과거를 봐서 합격한 것을 보면 집념도 대단하고 열등감도 대단한 인물이었다. 과거에

◆ 현재의 서촌이라고 불리는 지역은 조선 전기에는 '장의동' 또는 '창의동' 등으로 불리다가 후기에는 '장동'이라는 이름으로 불렸다.

합격하고부터는 거침없이 벼슬길을 내달렸다. 순조의 왕비가 그의 친누나였다. 부교리, 이조참판 등을 거쳐 공조판서와 이조판서까지 4년 만에 승진했다. 순조의 왕비 순원왕후는 수렴청정을 2번이나 했는데, 헌종 때 한 번, 이후 헌종이 후사 없이 죽자 또 철종 때 한 번이다. 이렇게나 수렴청정을 하게 되니, 당연히 친정의 남자 형제 3인방에게 의존하게 된다. 김유근, 김홍근 그리고 김좌근이다. 김유근과 김홍근은 1840년과 1842년에 죽는다. 그래서 결론적으로 김좌근 1인 지하 만인지상의 시대가 열린다.

김좌근은 정말 권력 지향적인 정치가였다. 전형적인 세도(勢道)가이기도 했다. 자신에게 반대하는 자들을 핵심 요직에서 숙청하고, 자신의 말을 잘 듣는 사람이더라도, 장동 김씨가 아니면 얼마간 단물만 쪽 빨아먹고 내쳐 버리는 그런 사람. 그런데 한 가지 결점이 있다면, 그는 고자였다. 즉 후사를 보지 못하는 사람이었다는 것이다. 그래서 김병기라는 양자를 들였다. 먼 친척 김영근이라는 사람의 아들로 말이다.

그런 김좌근에게 어느 때부터인가 나주에서 기생 양씨가 들러붙었다. 조선 최고의 세도 가문 실력자의 눈에 띈 그녀는 첩이 되어 죽을 때까지 김좌근의 곁에 붙어 있었다. 조선 헌종 때의 일이었다. (이런 인물에게 늘 그러하듯이 생몰 연대가 미상이다. 아니, 신 안동 김씨 집안에 무슨 난잡한 가정사가 있기에 생몰 연대가 미상인가?) 김좌근의 세도를 등에 업은 그녀를 사람들이 나주 합하라고 불렀다. 줄여서 나합(羅閤), 나주 출신 영의정이라는 뜻이다. 김좌근이 "요새 사람들이 당신을 향해 나합 나합 하는데 그게 무슨 말이요?"라고 물으니, 그녀가 "뭘 그렇게 어렵게 생각하세요. 나주 조개(羅蛤)라는 말이죠"라고 답해, 나합의 야망을 떠본 의심쟁이 김좌근의 눈초리를 벗어났다는 이야기가 전해진다.

조선 철종조의 언젠가 나주에 2년 연속으로 흉년이 들었다. 전라남도 최고의 곡창인 나주에 흉년이 계속된다는 것은 국가적으로도 큰 재앙이었다. 나주에서 쌀을 비축해 놓은 단 한 군데는 바로 김좌근의 창고였다. 약 1년 치의 식량이 있었다. 나합은 나주 사람들의 굶주림의 실태를 알았다. 그래서 김좌근을 설득해 다른 곳에 갈 식량마저 뱃길을 돌리게 해서 나주만을 구휼했다. 이게 칭찬할 일인가? 나주 사람들은 그래도 나합이 고마웠던 모양이다 (나주시 금성관 내에 있는 김좌근의 선정비와 영산강변 택촌마을 입구의 도내기샘을 함께 기념했다). 다른 곳도 아니고 영산강 하류 물길의 조력을 받는 나주가 그 모양이라면, 조선의 다른 곳도 모두 흉년이 들어 힘들었을 텐데, 어찌해서 김좌근의 곡식 창고를 풀어 나주만 구휼했을까?

김좌근의 선정비와 나합의 도내기샘은 아마도 김좌근이 억지로 마련했을 가능성이 높다. 자신이 장동 김씨 세도 정치를 거의 20여 년째 해 오고 있으니, 스스로의 공덕을 기린다는 의미일 것이다. 또 양씨가 도내기샘에서 물을 푸다가 김좌근이 탁 찍었다는 신화*도 하나 마련해서 기념하고 말이다.

자식을 생산하지 못한다는 그 열등감, 그 열등감에 자식이 많은 집안을 우선적으로 자신의 측근에서 배제했다는 김좌근. 그런 그가 1853년 4월 영의정에 오르고 제일 먼저 한 일이 나주 목사를 매관육작(賣官鬻爵)한 일이었다. 이때부터 매관매직의 기준이 생긴다. 벼농사가 잘되고 곡식 생산이 많은 곳은 일등급으로 매년 쌀이 100가마인 반면, 벼농사가 안되고 산이 많은 곳은 매년 사과 100상자 등을 낸다. 이렇게 현물 기준으로 상납받는 금액이 달라진다. 이 상납을 못 내겠다고 하면, 그길로 그 사람은 관직과는 멀어지는 것이다. 조선 문무백관, 특히 지방관은 위로는 팔도 관찰사로부터 아래로는 지방의 사또, 현령에 이르기까지 하나하나 지방의 생산력을 체크하여 돈을 매겼다. 그리고 매관육작, 즉 매관매직을 했다. 여기에 춤을 추고 장단을 놓은 것이 바로 나합이다. 장동 김씨의 서울 창의동 집 앞에는 사람들은 선물을 들고 줄을 섰다. 관직을 얻을 수 있다 하니 너도나도 방문했다. 과거에 합격하고 안 하고는 중요한 문제가 아니었다. 이런 사람들은 먼저 김좌근에게 압박 면접을 당하고, 선물을 체크당하고 난 뒤, 나합을 만나게 되는데, 그녀의 곁에는 관상에 능한 자도 앉아 있어서 찾

◆ 전남 나주의 도내기샘 유적에 가 보면, 이곳에서 물을 긷던 기생 양씨가 마침 나주를 순시하러 왔던 영의정 김좌근의 눈에 들었다고 하는 이야기가(얼핏 보면 상당히 유치한) 전해 내려온다.

아온 이의 관상을 보고 장동 김씨의 권력에 도전할 사람인지, 맑고 바른 사람인지(만약 그렇다면 떨어진다) 아니면 음탕하고 부정부패할 사람인지를 살펴본다. 그런데 선물 들고 관직 달라고 온 사람 같으면 기본이 부정부패한 사람이 아니던가.

지금도 만연한 부정부패. 그 부정부패를 만든 장본인 신 안동 김씨 중 장동 김씨 집안, 그 집안의 부정부패의 상징 김좌근과 나합. 이들이 만든 세상은 천주교인들이 박해받는 세상, 올바르고 깨끗한 선비들이 벼슬에서 밀려나는 세상이었다. 망쳐진 19세기, 그 결말은 결국 일제의 강제 식민지였다.

변학도의 생일잔치에서 읊은
이몽룡의 한시, 그 카타르시스

 금준미주는 천인혈이요 (金樽美酒 千人血)

　　　　금 술잔의 달콤한 술은 백성들의 피요

옥반가효는 만성고라 (玉盤佳肴 萬姓膏)

　　　　옥그릇의 풍성한 안주는 백성들의 기름이다.

촉루락시에 민루락이요 (燭淚落時 民淚落)

　　　　떨어지는 촛농은 백성의 눈물이며

가성고처에 원성고라 (歌聲高處 怨聲高)

　　　　노랫가락 커질수록 한숨 소리 커진다.

_판소리 〈춘향가〉 중 이몽룡의 한시

이 책 앞부분에서 말한 것과 같이 〈춘향전〉 원전의 주인공이 고구려 안장왕과 백제 한씨 부인이라면, 이몽룡은 안장왕이다.◆ 그의 어떤 부분을 가지고 왕의 카리스마를 말할 수 있을까? 〈춘향전〉 속 이야기를 통해 이몽룡의 카리스마적 면모와 19세기 조선의 관노비 해방령이 잘 지켜지지 않은 이유를 함께 알아보겠다.

우리에게 알려진 판소리 여섯마당 〈춘향가〉, 〈심청가〉, 〈흥부가〉, 〈수궁가〉, 〈적벽가〉, 〈변강쇠가〉는 1840년대에서 1850년대 사이에 전라북도 고창 출신의 신재효가 개작·정리한 것이다. 창작한 것은 아니고, 옛부터 전해 내려오던 판소리라는 장르를 네 가지 장르(인물, 사설, 득음, 너름새)로 4대 법례를 마련한 음악 이론가라고 하면 맞겠다. 그러니까 이 판소리 장르는 서양 음악으로 치자면 모차르트, 베토벤, 슈베르트보다도 훨씬 현대 음악이다.◆◆

〈춘향전〉에서 이몽룡은 과거에 합격하고 남원으로 다시 내려온다. 신관 사또 변학도의 학정을 고발받은 조정에서 이몽룡을 암행어사로 선발하여 그 감찰을 명했기 때문이다. 남원은 그의 사실상의 고향이나 다름없었다. 그리고 남원으로 내려가는 발걸음에

◆ 그동안 〈춘향전〉 하면 주인공 춘향이가 등장하는 유명한 세 개의 노래 〈사랑가〉, 〈쑥대머리〉, 〈갈까부다〉 등만 가지고 역사를 설명했다. 또 다른 주인공 이몽룡을 주제로 글을 쓰려니 왠지 좀 민망하고 미안하다.

◆◆ 우리가 잘 아는 서양 음악가를 신재효(1812~1884)와 대비하자면, 헝가리의 프란츠 리스트(1811~1886)가 있다. 그의 피아노곡 〈사랑의 꿈〉은 세계적인 콩쿠르에서 매년 최정상급 피아니스트에 의해 연주되는데, 우리 신재효 선생은 과연 어떤 대우를 받고 있는가. 19세기부터 쭉 외면당한 우리 국악의 모습을 비춰 본다.

기대가 한껏 실린 또 다른 이유는 바로 그의 첫사랑 춘향이가 백년가약을 맺은 채로 자신을 기다리고 있기 때문이기도 하다. 춘향이가 〈갈까부다〉를 부르면서 자신을 한껏 기다리고 있는 줄이야 알았지만, 설마하니 춘향이를 차디찬 옥중 방에서 만나게 될 줄이야 어떻게 알았겠는가? 아니, 이게 무슨 일인가? 열일곱 꽃다운 춘향이가 어떻게 이 모양 이 꼴로 있단 말인가? 이몽룡은 춘향이의 몸종 향단이에게 그간의 변학도의 악행을 하나하나 전해 듣고 망연자실한다.

1801년 순조의 관노비 해방령에 의하여 관노비라는 개념은 사라졌다. 노비라는 개념이 사라졌기 때문에 어떤 전직 관노비가 있다 하더라도, 권력자는 그의 사유 재산에 함부로 손을 댈 수가 없다. 이것은 여성 개인의 정절도 마찬가지였다. 이는 헌법인 대전회통(조선 시대 마지막 법전)을 그리 고쳤던 것이므로, 일개 고을 사또가 손댈 수 있는 범위가 아니었다. 이몽룡은 어사또로서 남원 천지에 국법의 지엄함을 보여 주고 춘향이를 구출해야겠다는 의지를 불태운다. 그래서 변학도의 생일잔치가 열리는 날, 주변 고을(운봉, 정읍, 곡성) 사또들이 모두 모인 자리에서 자신의 신분을 드러내기로 하고 허름한 거지 차림으로 방문한다.

적막한 감옥 찬방에서 칼과 형틀을 걸머지고 앉아서 고생하고 있는 춘향이를 생각하면 참으로 한시가 급했다. 이몽룡은 망설일 겨를이 없었다. 잔치 분위기는 무르익어 가는데, 이들은 양반이랍

시고 한시를 짓는 놀이를 한다. 이몽룡은 한시를 지어 운봉 군수에게 주고 그 장소를 빠져나온다. 한시를 받아 읽은 운봉 군수는 벌벌 떨며, 이거 정말 큰일이 났다는 것을 직감적으로 알아챈다. 운봉 군수는 남원 부사에게 이 시와 함께 '어사또가 온 것 같다'는 말을 전하지만, 변학도는 아랑곳하지 않고 잔치를 즐기기에 여념이 없다. 그 상황에서 30분쯤 흘러가자, 신관 어사또가 그 유명한 한마디 "암행어사 출두야"를 외치면서 남원부 관아에 들이닥친다. 모든 사람들이 황당하여 도망치느라 정신없는 것도 잠시, 어사또 이몽룡은 마침내 변학도를 징치한다. 춘향이를 구출해 정실부인으로 맞이하여 해피 엔딩을 맞는다.

이 이야기가 우리 판소리 국악 중 가장 히트를 친 〈춘향가〉의 스토리다. 신재효의 음악 편집 능력으로 볼 때, 이몽룡이 지은 한시에서 '금준미주'로 시작하는 파트는 직접 지었을 가능성이 농후하다. 우리나라 한시 중에 저보다 유명한 한시는 없다. 명백한 대조 효과가 너무나 극적이기 때문이다. '아름다운 술은 만백성의 피, 저 맛있고 기름진 안주는 만백성의 기름을 짜낸 것이다'라는 구절은 과거에서 오늘날까지 전국의

판소리 〈춘향가〉 공연 모습
(출처: 국가유산청)

탐관오리들에게 들려주는 만백성의 분노이다. '촛불의 기름 떨어질 때, 백성들의 눈물이 떨어지니, 잔칫날 풍악 소리가 높은 곳에 백성들의 남원 부사에 대한 원망 소리가 높더라'라는, 기름 고(膏)와 높을 고(高) 운자를 가지고 이렇게 엄청난 한시가 나올 수 있는가?

19세기 초 관노비 해방을 통해 조선 신분제의 변동을 꾀하려 했던 순조의 통치 이상과는 달리, 지방관들의 통치는 매우 보수적이었다. 요즘도 법령이 하나 새로 나오면, 국민들에게 널리 퍼지는 데 3개월은 걸린다. 통신도 교통도 없던 예전에는, 1800년대 초에 헌법이 바뀌었다면 1840년대가 되어도 남원 같은 지방에는 미치기가 훨씬 유약했다고 봐야 한다. 정작 가장 나쁜 것은 신관 사또인 남원 부사 변학도이다. 지방관을 중앙에서 뽑아 내리는 조선의 법도에 새로운 법이념을 백성들에게 옳게 전파해야 하거늘 "어미가 기생이면 딸도 기생이라"는 무슨 호랑이 담배 피우던 시절 이야기를 하면서 춘향이에게 수청을 들라 하다니. **이몽룡은 바로 이러한 국법 무시, 탐관오리의 만행을 징치하는 의미에서 어사 출두를 명령한 것이다.**

19세기 초중반, 천주교 박해를 시작으로 홍경래의 난, 또 천주교 박해, 또 민란 등을 거치면서 조선은 초주검이 되었다. 그 모든 것의 원인은 신 안동 김씨 중 장동 김씨 세력과 풍양 조씨 세력이 거의 돌아가면서 벌인 세도 정치, 그중에서도 지방관 매관육작이다. 이 타락한 정치, 이 극단적인 수탈 정치에 신음하던 백성들은 〈춘향가〉를 들으면서, 〈춘향가〉를 보면서, 〈춘향가〉를 부르면서 잠시나마 위안을 얻고 카타르시스를 느낀 것이었다.

15세에 마카오 유학길에 오른 신학생 김대건을 맞아 준 이는?

 사학 죄인 김대건을 효수하라고 명하였다. 김대건은 용인 사람으로서 나이 15세에 달아나 광동에 들어가서 양교(洋敎)를 배우고, 계묘년에 현석문 등과 결탁하여 몰래 돌아와 도하에서 교주(敎主)가 되었다. 이해 봄에 해서에 가서 고기잡이하는 당선(唐船)을 만나 광동에 있는 양한에게 글을 부치려 하다가 그 지방 사람에게 잡혔는데, 처음에는 중국 사람이라 하였으나 마침내 그 본말을 사실대로 고하였다. 포청에서 한 달에 걸쳐 힐문하였는데, 그 말하는 것이 교활하여 양박의 강한 것을 믿고 협박하여 말하기를, '우리나라에서 마침내 그 교(敎)를 금할 수 없을 것이다.'

_《헌종실록》

조선 시대 천주교 박해는 18세기 말과 19세기에 일어났다. 그런데 천주교를 믿는 사람을 죽이는 형태의 잔학한 박해는 19세기에 있었다. 1801년, 딱 정조가 죽자마자 그다음 해 정초부터 시작해 그믐달까지 1년 동안 남인과 시파(사도세자를 살리자는 파)를 모조리 찾아내 죽이기 시작한다. 신유박해. 이 대환란에서 정약용의 형 정약종과 조카사위가 죽었다. 황사영 백서사건*이라는 엄청난 국가 배신행위 때문이었다. 결국 중국인 주문모 신부가 자수하여 피해 규모가 더 늘어났다. 이 모든 게 교황청이 무리하게 내린 '제사 금지' 조치 때문이었다. 제사를 금지하는 조항을 섣불리 조선에 들이밀어서 사형 100명, 삭탈관직 300여 명에 달하는 어마어마한 피해가 생긴 것이었다.

두 번째 박해는 1839년, 즉 헌종 5년에 일어난 기해박해다. 프랑스에서 파견된 앵베르, 모방, 샤스탕 등의 서양 신부 3명과 그 외 수많은 조선인 신자들이 처형된 사건이다. 천주교 서학쟁이들을 천하의 악으로 알고 있던 이지연**이 우의정이 되면서 올린 반(反) 서학 상소가 결정타가 되었다. 프랑스 신부들을 모조리 처형하고 나머지 정하상(정약용의 조카)을 비롯한 조선인 천주교 신자들도 전부 죽임을 당했다. 이는 헌종 5년 당시에 세도 가문이 풍양

◆ 1801년 천주교 신자인 황사영이 북경에 있던 프랑스 주교에게 신유박해가 일어난 조선의 실정을 밝히는 편지를 보낸 사건이다. 포교의 자유를 위해서는 서양의 배와 군을 조선에 보내야 한다는 등의 내용이 적혀 있다.

◆◆ 이지연은 세종의 다섯째 아들 광평대군파의 후손이다. 풍양 조씨 조대비의 최측근으로 기해박해를 일으킨 장본인이다.

조씨였다는 점과 희생자 중 많은 수가 장동 김씨에 연루된 사람들이란 점에서 세도 정치 가문끼리의 견제전으로 보는 시각이 지금까지 많다.

세 번째 박해는 1846년에 일어난 병오박해이다. 이 사건이 놀라운 이유는 김대건 안드레아 신부가 순교한 사건이기 때문이다. 1846년 6월 황해도 남쪽 순위도라는 섬에서 잡힌 이 한국 청년은 천주교 사제였다. 조선 사람이 천주교 사제라고? 순위도 감찰부에서는 이를 믿을 수 없어서 한양으로 바로 압송했다. 포도청에서는 강하게 그를 압박 고문하며 인생 이야기를 토해 내라고 했다. 그는 순순히 말했다.

"나는 충남 당진에서 태어났소. 우리 할아버지 그리고 우리 아버지 모두 천주교 신자요. 그래서 나도 천주교를 당연히 믿게 되었소. 어렸을 때 용인의 은이성지로 이사 가게 되었는데, 1836년 내 나이 열다섯 때 피에르 모방 신부의 눈에 띄어 신학생으로서 마카오로 가게 되었소. 성직자 선발을 그 나라 출신 아이들로 한다는 원칙에 따라, 최양업·최방제 두 사람과 함께 마카오로 갔지요. 네, 그렇습니다. 중국 남쪽에 있다는 마카오 섬에 말입니다. 육로로 만주를 거쳐서 중국 대륙을 종단하여 가는 길은 정말로 고달팠소. 거지꼴이 되어 무려 1년을 걸어간 끝에 도착한 곳이 마카오였소."

모방 신부의 소개장 하나만 품고 1년을 걸어서 간 여행길이었다. 파리외방전교회, 그들이 찾아가야 할 곳의 이름이었다. 김대건과 최양업 그리고 최방제 3명은 그곳을 찾아가 소개장을 들이밀었다. 요즘이야 마카오로 유학 간다고 하면, 비행기로 4시간을 날아가면 그뿐이다. 그런데 19세기에 걸어서, 만주를 지나 중국 대륙을, 저 밑에까지 1년이 걸려서 행려병자처럼 온 조선의 청년들을 어떻게 풀이해야 하는가?

이때 파리외방전교회는 누가 이끌었나? 바로 오종화라는 인물이다. 그의 아버지는 천하제일 억만장자 중국의 오병감이다. 오병감의 아들 오종화가 44세의 나이로 외방전교회를 이끌고 있었다. 전 세계 네트워크 판매의 선구자이자, 최고의 재테크 관리자로 명성을 날린 오병감의 재력을 바탕으로 프랑스, 영국, 미국 등과 관계를 맺고 있던 오종화는 이 3명의 어린 조선 청년들을 보았다. 보고 바로 입교를 결정한다. 추천장은 이미 없었다. 오로지 청년들의 진심이 보였던 모양이다. 이것이 중국 광저우의 개방성이었다. 당시 조선은 어떠했는가? 지극히 폐쇄적이고 극단적이며, 부정부패하지 않았던가? 김대건, 최양업, 최방제. 신분도 알 수 없는 외국인들에게 두말하지 않고 입교를 허락한 오종화의 개방성이 참 대단하다. 이들은 열심히 공부했고 중간에 필리핀으로 공부하는 곳을 옮기기까지 했다. 아편전쟁 때문이었다. 김대건은 신학 공부에 매진하여 1845년 드디어 중국 상해의 성당에서 신품성사를 받고 조선인 최초의 천주교 신부가 되었다.

김대건은 상해에서 배를 타고 강경포구로 들어왔다. 지금 나바위 성당이 있는 곳이다. 제3대 조선교구장 페레올 주교는 육지에서의 포교가 매우 어려워지자, 김대건 안드레아 신부에게 해안가를 배로 돌면서 선교하라고 명령을 내린다. 서해와 남해에 흩어져 있는 모든 섬에 돌아가면서 전도를 하면, 엄청난 성과를 낼 수 있으리라 확신한 파리외방전교회의 결정에 순종하여 선교를 하던 중, 황해도에서 붙잡힌 것이다.

당진 솔뫼성지의 김대건 신부 기념비상
ⓒ 이정운, 채재혁, 이원호 (출처: 한국저작권위원회)

김대건은 뛰어난 인재였다. 영어, 스페인어, 라틴어, 중국어, 프랑스어 5개 국어를 마음대로 구사했다. 조선 조정에서는 그를 포섭하려는 노력을 시작했다. 천주교만 버려 준다면 그를 귀한 인재로 쓰겠다는 것이었다. 만약 천주교를 버리지 못한다면 죽을 것이라고 했다. 김대건은 단칼에 거절했다. "내가 하나님의 천국을 보게 된다니, 그 좋은 구경을 목전에 두었는데 어찌 하나님을 버린단 말씀이오." 풍양 조씨 세도 가문은 천주교에 매우 엄격했다. 결국 김대건은 1846년 9월 16일 25세의 나이에 새남터에서 순교한다. 사제를 꿈꾸던 17세 소년 이민식 빈첸시오가 김대건의 시신을 몰래 빼내어 5일 밤낮을 걸어 경기도 안성의 현재 미리내 성지에 묻는다.

세월이 흐르고 흘러 2023년 9월 16일, 바티칸 성 베드로 대성당의 4.5미터 높이의 외부 벽감에 높이 3.7미터의 김대건 안드레아 신부의 성상이 설치되었다. 이곳에 동아시아 성인의 상이 세워진 것은 처음이다. 그는 엄혹한 19세기 중엽 조선의 천주교인으로서 오늘날의 기독교 대한민국을 이뤄 낸 선각자였다.

三十六 │ 19세기 조선에 들끓었던 콜레라, 동학교도들이 방역했다고?

 의정부에서 아뢰기를, "이번에 동학이라고 일컫는 것은 서양의 사술(邪術)을 전부 답습하고 특별히 명목만 바꿔서 어리석은 사람들을 현혹하게 하는 것뿐입니다. 만약 조기에 천토(天討)를 행하여 나라의 법으로 처결하지 않는다면 결국에 중국의 황건적이나 백련교라는 도적들처럼 되지 않을는지 어떻게 알겠습니까?"_《고종실록》

위 기록이 쓰인 1864년에 고종은 12세였다. 흥선대원군이 섭정하지 않을 수 없는 나이였다. 그렇다면 동학에 대해서 처결해야 한다고 한 자는 흥선대원군인가? 아니면 대왕대비 조대비(신정왕후)인가? 조대비일 가능성이 높다. 흥선대원군이 절대적으로 잘못한 것은 서학과 동학에 대한 인정사정없는 박해이다. 서학은 천주교이고 동학은 전통 종교이니, 흥선대원군이 생각할 때에 한쪽은 서양 오랑캐, 다른 한쪽은 상놈들이니 둘 다 근본 없는 것이었다. 서학에 대한 박해는 잠시 접어 두고 동학만을 생각해 보자.

동학의 교조 최제우[*]는 1864년 대구에서 참수형을 당한다. 혹세무민을 했고 반역죄를 저질렀다는 것이다. 다른 것은 몰라도 이 '반역죄'라는 것은 좀 없애 달라고, 그때부터 1894년 동학농민운동이 일어날 때까지 동학교도들의 운동 구호는 교조신원운동[**]이었다.

그런데 고종은 12세 때 자신의 왕명으로 나간 저 동학 교조에 대한 사형 집행을 그로부터 무려 30년이 지나도 거두지 않는다. 참으로 나쁜 임금이다. 아무리 많은 드라마에서 고종을 미화시킨다 하더라도, 나는 고종을 절대로 용서할 수 없다. 서학에 대한 박해도 박해지만, 우리 민족 종교인 동학에 관한 이 같은 무관용이 아닌 거의 무원칙에 가까운 박해 논리는 (자기 세상에 대한) 인식의 모자람으로밖에는 볼 수가 없다. **동학은 왜 그렇게 박해받아야 했는가. 무엇으로 인해서 30년이나 지난 후에도 왕으로부터 용서받지 못하고 기관총과 야포에 2만 명이나 되는 동학군들이 희생당해야 했을까?**

◆ 최제우는 몰락한 양반 출신으로 철종 때인 1860년에 동학(천도교)을 창도했다.

◆◆ 동학의 초대 교조인 수운 최제우가 고종에 반대한 역적이 아니라고 조선 왕실을 설득하는 것이 가장 중요한 포인트였다.

우선 결론부터 말해 보자. 자국의 동포 수만 명을 죽이고 다치게 하고서도 그 왕조가 살아남을 것이라고 생각했는가? 그래서 거 무슨 갑오개혁이니 하는 것을 밀어붙였던가? 2만이나 되는 자국의 농민과 수공업자들을 모두 죽이고도 왕실이 생명력을 다해서 살아남을 것이라고 믿었단 말인가? 그래서 그렇게 일본에 기대어 대한제국이라 칭하고 살아남으려고 애썼단 말인가? 조선의 19세기를 돌이킬 때 가장 아까운 3명이 있다. 최시형, 전봉준, 김대건이다. 앞의 2명은 동학의 인재이고, 뒤의 1명은 서학의 인재이다. 이 셋을 끌어안지 못해서 조선은 망했다. 조선의 세도 정치 및 후진 역사성은 이 셋의 번득이는 천재성을 끝끝내 포용하지 못하고 모두 교수형 아니면 참형으로 다스렸던 것이다.

19세기 조선에는 전염병이 내내 창궐했다. 1819년 12월부터 1822년 12월 1일 사이의 인구수를 비교해 보자. 651만 2,349명에서 647만 570명으로 3년 동안 무려 4만 1,779명이 감소했다.[*] 콜레라 대유행에 따른 인구 감소였다. 콜레라는 1821년 7월 말에서 9월 말까지, 그리고 그 이듬해 4월 말에서 9월 말까지 조선에 퍼졌다(1822년의 콜레라는 제주도까지 감염시켰다). 이 병은 고도의 설사병이라고 할 수 있는데, 그 환자들의 설사가 제대로 뒤처리나 하수 처리가 되지 않을 경우 더욱 기승을 부린다. 그 오물에서 나오

---

[*] 김신회, 〈1821년 콜레라 창궐과 조선 정부 및 민간의 대응 양상〉, 서울대학교 대학원 국사학과 학위논문(석사), 2014.

는 병균의 확산력이 워낙 강력하기 때문이다. 그런데 당시 콜레라에 감염된 환자들은 모두 사회 하층민이었다. 집단생활을 하고 씻지 않음으로 걸리는 모든 전염병에 그대로 노출되어 있었다. 그래서 전염병이 조선에 급속도로 퍼져 나간 것이다.

콜레라는 흉년의 바람을 타고 더욱 기승을 부렸다. 1821년 이후 주기적으로 약 10년마다 나타나 우리 조선 강토를 어지럽혔다. 이런 와중에도 조선은 전염병에 과학적으로 대처하는 방법을 몰랐다. 이렇게 자주 나타나 민생을 도탄에 빠지게 하는데도 오로지 미신만을 믿었고, 양반들은 콜레라에 걸리는 사람들을 보며 '천한 것들!'이라며 장벽을 쳐서 격리시키는 것 외에는 아무런 조치가 없었다. 이때 나선 사람들이 1855년부터의 동학이었다. 동학교도들은 우선 전염병에 걸리지 않게 하는 방법을 개발해 냈다. 무슨 주문을 외고 뭘 먹고 마시고 하는 게 중요한 게 아니었다. 2대 교조 해월 최시형이 말했다.

"천지간에 한울님이 아닌 존재가 없습니다. 너도 한울님, 나도 한울님. 따라서 전염병 즉 괴질도 한울님입니다. 따라서 한울님으로 대하면 됩니다. 땅바닥에 떨어진 음식을 주워 먹지 마세요. 화장실은 집에서 멀리 떨어뜨려 지으십시오. 숟가락과 젓가락은 반드시 자기 것은 자기만 쓰고, 쓰고 나면 깨끗이 씻어서 보관하십시오. 찌개나 국은 절대 다 함께 한 그릇에 퍼서 드시지 마세요. 그리고 반드시 어느 정도 떨어져 앉으십시오. 그리고 반드시 세수를 깨끗하게 하시고 꼭 손을 깨끗하게 씻고 다니십시오. 그리고 반드시 옷과 속옷 또한 깨끗하게 세탁해서 입으십시오. 그러면 역병이 물러날 것입니다. 한울님 대접을 받고 있으니까요."♦

자, 이 말 어디에 미신이 있나? 어디에 주문을 외나? 우리 일상생활에서 이렇게 (위생에) 신경을 쓰면 병이 낫는다, 저렇게 하면 병균이 옮지 않는다는 식의, 지극히 상식적이고 과학적인 생활의 강조뿐이다. 동학의 포교는 대성공이었다. 사람들은 1860년경부터 콜레라가 돌아도 관아에 의존하지 않았다. '차라리 그냥 동학을 믿고 말지, 동학을 믿으면 콜레라에 안 걸린다던데?' 하고 말이다.

19세기 중엽부터 우리 조선의 백성들은 급한 일이 있을 때 관아를 찾지 않았다. 동학의 힘을 빌려 콜레라를 벗어나려는 민중의 힘이 세지면 세질수록 조선 정부는 그것을 탄압하려고만 했다. 조금도 포용하려고 들지 않았다. 1893년, 두 해 전부터 시작된 호남지역 대기근과 콜레라의 여파로 세수가 1/3로 줄어들었는데도 매관매직으로 지방관이 된 조병갑을 위시한 관료들이 조세 품목과 양을 최대 풍년이 들었던 1888년을 기준으로 잡아 백성들의 원성이 하늘 높은 줄 모르고 올랐다. 항의하러 간 전창혁은 고부 군수 조병갑에게 곤장을 맞고 죽었다. **그 아들이 아버지의 원수를 갚고**

♦ 최제우의 글을 모은 동학의 경전 《동경대전》 속 내용이다.

탐관오리들을 몰아내자며, 혁명을 하자고 했다. 그 이름은 전봉준

이라고 했다.

三十七 | # 1815년 탐보라 화산 대폭발 이후 전 세계의 역사가 바뀌다[◆]

인도네시아의 성층 화산 탐보라의 칼데라

◆ 탐보라 화산 폭발이 세계사에 어떤 영향을 주었는지 알아보는 이 장은, 우리가 역사를 바라보는 시각을 잡아 주는 중요한 글이다. 한국사를 읽는 데도 도움이 되므로 실었다.

탐보라 화산이 터졌다. 1812년부터 조금씩 인도네시아 숨바와섬에서 이상 조짐을 보이던 탐보라 화산이 드디어 터졌다. 1815년의 일이었다. 인도네시아의 모든 지역에서 폭발 소리가 감지될 만큼 엄청난 분화였다. 발리섬과 그 옆의 롬복섬 그리고 그 옆에 숨바와섬에 있는 탐보라 화산이었다. 숨바와섬에 있던 1만 2,000명이 폭발 7일 만에 사망하고, 8만 명이 1년 안에 모두 죽었다. 무려 9만 2,000명이 직접적인 피해로 죽었다. 그런데 이것은 서막에 불과했다.

하늘로 올라간 화산재 덩어리들은 약 2년간 온 세계의 하늘을 뒤덮어 1815년과 1816년은 소위 '여름이 사라진 해'가 되었다. 이러면 절대 안 되는 분야가 하나 있으니, 바로 농업이었다. 시원한 여름은 전 세계에 재앙을 몰고 왔다. 농사는 안되고 모든 비축미가 썩어 나갔다. 툭하면 비가 내리니 전 세계에 수인성 전염병이 퍼졌다. 공상 과학 소설 《프랑켄슈타인》도 이때 쓰였다.◆ 시원한 여름, 너무 일찍 찾아온 강추위 그리고 평소보다 훨씬 추운 겨울, 그다음 해는 너무 추운 봄, 그리고 또다시 시원한 여름. 이렇게 이상 기후가 반복되고, 3일 걸러 하루씩 내리는 비에는 시커먼 화산재가 덩어리져 있어 무슨 진눈이 내리는 것 같았다.

◆ 인도네시아 탐보라 화산 폭발은 유럽에도 영향을 미쳤다. 영국의 소설가 메리 셸리는 당시 유럽의 음산하고 축축한 여름 날씨를 겪으며 과학자가 시체를 살려 내는 이야기를 썼다.

전 세계의 농업이 파탄 나기 시작한다. 이집트, 독일, 몰도바, 우크라이나(전 세계의 빵 바구니라고 불렸던), 러시아, 프랑스 등 많은 나라들이 2년 동안 농사를 완전히 망쳤다. 굶주리는 사람들이 속출했다. 프랑스에서는 와인 가격이 폭등한다. 인도에서는 1816년부터 콜레라가 창궐하기 시작했다. 인도네시아는 더욱 참담했다. 원래 1602년부터 네덜란드가 인도네시아에 동인도회사를 꾸려 식민지 지배를 시작했지만, 어디까지나 걸음마 단계였다. 그러나 1816년의 대흉작을 기점으로 본격적인 식민 지배를 허용해서 1824년의 합병조약(런던조약)으로 네덜란드의 인도네시아 지배가 확립되었던 것이다.

탐보라 화산 폭발로 중국도 대단한 피해를 입었다. 먼저 중국 농산물 재배의 센터였던 허베이성과 허난성 그리고 쑤저우와 난징, 한커우 등의 대도시들이 전멸했다. 냉해로 인해 아무것도 나지 않는 한 해가 되어 버린 1816년과 1817년에만 3억에 가까운 중국인들이 모조리 남쪽으로 밀려 내려왔다. 처음엔 양자강을 건너 항저우 일대에 머물렀다가 도저히 안 되겠다 싶었던지, 원저우와 구이저우 쪽으로 내려왔다가 아예 광저우와 푸젠 쪽으로 내려왔다. 이게 1820년경의 일이었다. '그래도 바닷가는 뭔가 먹을 것이 있겠지, 물고기라도 잡아먹으면 되지 않을까' 했다는 것이다.

시원한 여름 현상은 1818년이 되면서 사그라들기 시작한다. 그래도 중국인민들은 고향으로 돌아갈 수 없었다. 너무 멀었기 때문이다. 내려올 땐 어찌어찌 내려왔어도, 돌아갈 때는 그럴 수 없었다. 엄두도 안 나는 길을 어찌 다시 올라간단 말인가. 중국 광저우와 푸젠 그리고 저장에는 당시 세계적인 부자가 있었다. 오병감이다. 그는 자신의 상단을 가지고 이 3억 명의 이주민들에게 접근한다. 동충하초라는 특별한 개념을 팔기 시작한 것이다. 또 보이차라는 새로운 상품을 개발해 함께 팔았다. 그냥 팔지 않았다. 새로운 장사 수법을 개발했다. 자신이 파는 보이차와 동충하초를 50대 50으로 나누는 것을 말한다. 즉, 자기로부터 6대를 수직 개념으로 정해서 자기가 팔아 오면 그 수익을 6대 위로 동일하게 지급하고, 또 자기가 데려온 자기 아래 6대까지의 수익을 자기와 동일하게 지급하는 것을 말한다. 이러한 방법으로 보이차와 동충하초라는 건강식을 광저우와 푸젠을 넘어서서 전 동남아시아로까지, 새로운 장사 수법이 퍼지게 만들었다.

이것이 오늘날 소위 말하는 네트워크 판매술이다. 1815년 탐보라 화산의 폭발로 야기된 시원한 여름, 그것이 가져온 대재앙, 또 그로부터 생겨난 중국에서의 새로운 장사 기법. **어떤 재앙이 닥쳐도 인간**

오병감 초상화

은 그것을 극복하는 기술 또한 가지고 있다는 점에서 복기해 볼 만하다.

三十八 | 조선 멸망의 시발점은 왜 하필 사쓰마와 조슈였을까?

지금 천하의 정세는 각국이 분쟁하고 대소 강약이 서로 병탄하여, 갑이 일어나면 을이 쓰러져 성쇠가 엇갈리고 있다. 이때를 당하여 우리 일본은 동양의 바다 가운데 고립되어 2,500여 년간의 국풍(國風)에 익숙하여 아직 5대주 내부의 정세를 알지 못한다. 또 국력이 쇠잔하고 군비가 공허하고 인심이 게으르고 약하여 황국 독립의 기개가 없다. 이를 알면서 고식적으로 세월을 보낸다면 몇 년을 지나지 못해 죽어 넘어지고 뒤집혀 망해 다른 나라에 예속될 것은 분명하다. 지금 이를 떨치고 일어나 우리나라로 하여금 각국과 같이 달려 천하에 독립시키고자 한다면 오직 전투하고 공격하고 정벌하여 해외로 건너가 먼저 구주 각국 사이에 종횡무진 활동하고 위력을 비교하여 이로써 마침내 천하만국 사이에 나란히 서는 길밖에 없다. 지금 영국·프랑스·프러시아·러시아와 같은 각국은 서로 맞서 아직 힘을 중국·조선·만주에 미칠 여가가 없다. 이때에 우리 일본은 마땅히 그 틈을 타 중국·조선·만주로 건너가 이를 빼앗아 가져 이로써 구주 각국에 침입하는 기초를 세워야 한다. 《서남기전》◆

정한론(征韓論)! 1870년을 전후해 우리나라에 전달되었던 일본의 대륙 침략 계획이다. 사쓰마 번◆◆의 사이고 다카모리에 의해 처음 주창되었던 것으로 알려져 있다. 사쓰마 번과 함께 1868년 메이지 유신을 이룬 조슈 번도 우리는 알아 두어야 한다.◆◆◆ 메이지 유신은 각 현이 각각 독립적으로 존재하던 것을 일본이라고 하는 하나의 나라로 합친 것이다. 이 두 번이 어떻게 연합하여 조선을 공격하고, 오키나와를 점령하고, 전 일본을 장악하고, 타이완을 정복하고, 결국 또 조선을 점령하는 과정을 거친 것인지 매우 궁금하다. 일본에는 수십 개의 지방 번이 있는데 왜 하필 사쓰마와 조슈였을까? 우리 입장에서야 한 하늘을 이고 살 수 없는 원수와 같은 역사의 나라지만, **그래도 오늘에 이르러서는 우리를 식민지로 삼았**

◆ 《서남기전》은 1901년 우치다 료헤이 등이 모여 결성한 일본의 국가주의 우익 단체 '흑룡회' 본부에서 간행한 책으로 총 여섯 권이다.

◆◆ 일본 역사에서 '번(藩)'이라는 명칭은 에도 시대 1만 석 이상의 영토를 보유했던 봉건 영주인 다이묘의 영토를 가리킨다. 19세기 후반 에도 막부가 무너지고 메이지 정부가 들어선 이후 다이묘들의 입지는 매우 좁아졌다.

◆◆◆ 사쓰마 번은 오늘날 규슈 남쪽에 자리 잡은 가고시마 현을, 조슈 번은 지금의 혼슈 최남단 야마구치 현을 일컫는다.

던 일본의 뿌리를 알아야 한다는 생각이 든다. 그래서 이 책의 작은 지면을 통해서라도 19세기 일본의 정한론을 탐구하고자 한다.

일본은 1853년 7월 미국이 군함으로 도쿠가와 막부를 위협함으로써 강제로 개항을 하게 된다. 사쓰마 번은 도쿠가와 막부에 대해 상당한 반감을 가진다. 개항 후 9년이 흘렀다. 요코하마 항구를 지나가던 시마즈 히사미쓰(사쓰마의 영주)와 700명의 병력은, 영국 상인의 말이 실수로 자신들에게 난입하는 꼴을 보지 못했다. 이들은 칼로 영국 상인을 베어 버렸다. 영국은 도쿠가와 막부와 사쓰마 번에 각각 배상을 요구했다. 막부는 10만 파운드의 배상금을 지불한다(이 배상금을 문 것 때문에 사쓰마 번과 도쿠가와 막부는 서로 원수지간이 되었다). 이듬해인 1863년 8월 영국은 7척의 전함을 이끌고 사쓰마 번에 쳐들어온다. 사쓰에이 전쟁이라고 한다. 이 전쟁을 통해 사쓰마 번과 영국은 서로의 군사력이 강하다는 걸 알게 되고 가까운 관계를 맺게 된다.

사쓰마 번은 막부와는 사이가 틀어졌으나 반대로 조슈 번과는 동맹을 맺는다. 조슈 번의 난학(서양에 대한 학문) 권위자이자 일본의 정신적 지주 요시다 쇼인과는 동맹을 맺어 함께 공부하는 사이가 된다. 1866년 도쿠가와 막부가 조슈를 역적으로 규정하고 토벌하려고 하자, 사쓰마 내에서는 막부 편을 들어서 '이참에 조슈를 완전히 없애 버리는 게 좋다'는 파와 '조슈가 막부에게 당하고 나면 다음엔 사쓰마 차례인데 우리 스스로 조슈와 척을 질 필요는 없다' 파가 맹렬하게 대립한다. 결국 도사 번(현재 고치 현)을 중재로 세워 조슈와 동맹을 맺는다. 2차 조슈 정벌을 기획한 도쿠가와 막부는 사쓰마 없이 조슈 번에게 참패를 당하고, 이러한 과정을 거치면서 아무런 소득도 없이 권력을 내려놓게 된다.

피를 보지 않으면 권력을 쟁취할 수 없었다. 1868년 보신 전쟁을 통해서 권력을 장악한 사쓰마와 조슈 동맹은 번벌*로서 더욱 강력한 이권 카르텔을 형성하고 전 일본의 근대화를 위해 노력한다. 곧이어 1877년 세이난 전쟁이 벌어진다. 메이지 유신을 이끌었으나 이후 실각해 귀향한 사이고 다카모리가 일으킨 반정부 내란이다. 규슈에서 벌어진 8개월간의 전쟁이다. (고대로부터 현대에 이르기까지 규슈는 동경 정부에 맨날 삐딱선을 타는 말썽꾸러기 같은 존재이다.) 이 전쟁의 배경을 좀 더 깊이 살펴보자.

1868년 메이지 유신이 시작되고, 1889년에 헌법이 선포될 때까지 일본이 주력했던 21년간의 사업은 전국의 철도화였다. 일본은 교통수단에 강철 개념을 도입해서 미국의 앤드루 카네기가 철강왕이 되는 데 일조했으며, 미쓰이와 미쓰비시, 스미토모 재벌을 키우는 데 앞장섰다. 홋카이도를 제외한 거의 모든 육지를 철도 노선화하는 데 전력을 쏟았다. 여기에 보상을 제대로 받지 못하거나, 불만을 제기하는 사람들이 정한론을 앞세워 무인 세력들을 한

◆ 번벌(藩閥)은 사쓰마, 조슈, 도사, 히젠, 크게 4개 번으로 이루어진 강력한 인력 카르텔이다. 여기 출신이 아니라면 출세할 수 없었다.

사이고 다카모리 동상

반도로 끌어 올리려고 했다. 이 세력들이 주로 규슈에 있었는데, 사이고 다카모리와 나카무라 한지로 같은 이들이었다.

세이난 전쟁의 승리는 정부군의 지휘를 맡은 오쿠보 도시미치에게 돌아갔다. 이 마지막 보수 세력과의 전쟁에서 승리한 사람들이 대부분 우리가 잘 아는, 정한론을 실제화한 장수들이다. 야마가타 아리토모, 이토 히로부미, 사이고 주도, 미우라 고로, 노기 마레스케, 오야마 이와오 등이 그 주인공이다. 사이고 다카모리는 패해 자결했다(현재 동경 우에노 공원에 동상으로 서 있다).

마지막 내전을 끝낸 일본은 패배자의 정한론을 국시로 삼는다. 강화도조약* 이후 조선을, 타이완을, 오키나와를, 더 나아가 만주와 청나라를 모두 먹어 버리기 위한 폭력적인 침략 노선을 탄다.** 이후 1945년 연합군에 무조건 항복할 때까지 계속해서 영토를 늘린다.

◆ 1876년 2월 27일 조선은 일본의 무력시위에 의해 불평등 조약인 강화도조약을 체결하고 강제적으로 문호를 개방하였다.

◆◆ 우리가 TV나 영화에서 보았듯 일본 제국주의는 무척 폭력적이다. 권력을 차지하는 데 평화로운 방법으로는 절대로 안 된다는 것이다. 군대를 파견해서 무조건 총칼로 제압하는 작전을 써야 한다는 주의다. 이러려면 무조건 상대를 아주 약한, 병든 집단으로 몰아가야 한다. 오키나와, 조선, 청나라, 타이완은 이 과정에서 일본에 의해 결여태로 인정되어야 한다.

三十九 | 조선의 아이돌 바우덕이가 경복궁 중건의 일등 공신?

 가수잡가는 일조명창이지만 일락서산하고 월출동령은 비록 안성의 청룡 바우덕이가 오더라도, 그 얼굴을 상하고 쥐구멍을 찾겠다더라. _〈황성신문〉 1909년 10월 2일 자 기사

조선 말 최고의 연예인은 누구였을까? 전국 670만 명 정도 되는 조선 팔도 인구가 "나 그 사람 얼굴 한번 보고 죽는 게 소원이야"라고 말했던 이는 누구일까? 전국의 남사당패 중 최고의 기량을 선보였던 안성 남사당패의 꼭두쇠(최고 지도자) 바우덕이였다. 본명은 김암덕, 소작농의 딸로 태어나 아버지가 일찍 세상을 떠나자 어린 나이에 남사당에 들어간다. 바우덕이는 15세에 꼭두쇠가 된다. 그녀는 남사당의 남(男) 자를 들어 꼭두쇠가 되는 것을 반대했지만, 워낙 그녀의 예능 기량이 뛰어난 것을 이유로 모든 다른 남

사당패들이 만장일치로 추대하였기에 어쩔 수 없이 꼭두쇠를 맡았다고 한다. 경기도 안성에 가면 지금도 남사당패 공연을 볼 수 있다. 특히 줄 타는 사람(줄광대)을 어름산이라고 하는데, 이 어름산이는 양쪽 장대 끝에 줄을 연결해서 그 줄 사이를 밟고 지나가는 고난도의 예능인들이다. 바우덕이는 수많은 재주를 가지고 있었지만 그중에서도 어름산이의 국내 1인자였다.

약 10여 년 전만 하더라도 '생몰 연대 미상'이라고 뜨던 바우덕이가, 최근에 다시 찾아보니 1848년에 태어나 1870년 23세에 죽었다고 나온다. 이 대중 예술인의 생몰 연대라도 정확하게 나오니 그나마 다행이다. 북 치고 장구 치고, 태평소 불고, 각종 기예를 넘나들며 인형극도 펼치고, 연극도 하며, 농악도 불고, 관혼상제 모

경복궁 근정전
ⓒ 문화재청 경복궁관리소 (출처: 국가유산청)

든 것을 축제처럼 여기며, 농악도 펼친 그들은 진정으로 '신바람 나는 세상'의 주인공들이었다. 지금처럼 숙박 시설이 많지 않은 관계로 아무 데나 들어가서 자고 먹고 해야 했겠지만, 돈은 못 줘도 숙식만 제공하면 그 사람을 위해서 또는 그의 동네를 위해서 최선을 다해 놀아 주는 남사당패는 농촌 지상 사회의 자발적인 광대 집단이었고, 진정한 생활 예능인이었다.

1865년 5월, 흥선대원군이 한창 권력을 드날릴 때 한양에서는 경복궁 중건 공사가 막 첫 삽을 떴다. 전국에서 모여든 각종 기술자와 인부들이 엄청난 규모의 공사에 지쳐 가던 가을 무렵, 대원군은 경복궁에 남사당패를 불러 공연을 하게 한다. 총 5개 팀이 나와서 공연을 했다. 이 중 안성 남사당패를 이끄는 유독 젊고 아름다운, 남자인지 여자인지 모를 사람 하나가 나와서 어름산이 공연을 한다. 장대를 양쪽에 꽂고 그 사이를 긴 줄로 연결한 뒤, 그 줄 위에 올라가 온갖 기예를 펼친다. 줄 아래는 오직 맨땅이었다. 그 건너편에는 남사당패가 농악과 음악을 번갈아 가면서 공연하고 있었다. 어름산이는 그 농악과 음악에 맞춰 외줄 위에서 재주도 넘고, 가만히 앉아 있기도 하고, 노래도 부르고, 춤도 추고, 부채 하나를 왼손에 쥐고 장대 쪽에 있는 수많은 관중들을 향해 온갖 기예를 펼친다. 가운데 앉아서 보던 흥선대원군과 조대비 그리고 고종이 박수를 치면서 좋아한다.

"남문을 열고 파루를 치니 계명산천이 밝아 온다. 에- 에헤이에이야 얼럴럴거리고 방아로다." 〈경복궁 타령〉*이 바로 이때 나온다. 양쪽 장대 옆에 구름같이 앉아 있던 기술자와 인부 그리고 한양 도성의 백성들은 바우덕이의 신기에 가까운 장대 기예 놀이에 완전히 미쳐 버렸다. 떨어질락 말락 한 적도 여러 번 있어서 보는 관중들을 모두 식겁하게 했는데, 알고 보니 이것도 바우덕이의 기예 중 하나였다. 이렇게 2주간 3번의 공연을 더 했다. 원래는 한 번만 공연하고 안성으로 다시 내려가려 했건만, 흥선대원군이 놓아주지 않았다. **바우덕이는 정3품에 해당하는 옥관자(玉貫子)를 하사받는다. 벼슬을 받은 것이다.** 정3품 이상은 당상관이다. 바우덕이가 얼마나 뛰어난 예능 실력으로, 당시 경복궁 중건 노역자들에게 노동 의지를 불태우게 해주었는지를 잘 알 수 있다.

경복궁 공연 이후에도 바우덕이는 전국을 돌며 남사당 공연을 계속했다. 그런데 이 공연이라는 게, 몸값이 높아지면 회당 수수료가 올라가기 마련이다. 남사당패도 바우덕이의 특별 공연이 있다고 광고할 요량이면 값을 올렸다. 이

경기도 안성의 남사당 공연 모습
ⓒ 채지형 (출처: 한국저작권위원회)

◆ 조선 말기 경복궁을 중수할 때 불린 노동요다. 경복궁 및 그 중건 과정을 내용으로 한다.

과정에서 바우덕이가 나온다고 광고만 하고 줄행랑을 치거나 사기 공연을 하는 일도 늘어났다. 이 사기 공연이 한 번씩 나올 때마다 사람들이 관아에 진짜 바우덕이를 고발하는 일도 늘어났다. 괘씸죄였다.

또, 바우덕이가 몸담은 남사당패는 유랑민이라 인식이 좋지는 않았다. 당시 조선의 농업 사회는 한군데 자리를 잡고 대대손손 사는 것이 일반적인 정주 사회였다. 이 남사당패나 보부상패 같은 사람들이 얼마나 이상해 보였으면, 역마살(驛馬煞)이라는 병적인 이름까지 부여해서 '한군데 정착하지 못하고 이리저리 떠돌면서 사는 삶'이라고 했을까? 더구나 한 달에 서너 번씩 옮겨 다니는 남사당패의 경우, 물 설고 음식 설은 곳에서 병에 걸려 죽는 일도 잦았다. 바우덕이도 스물셋 젊은 나이에 저세상으로 갔다. 당시로서는 하늘이 내린 사형이라고 할 수 있는 폐병에 걸려 그리된 것이다.

하늘이 내린 예능인으로 칭송받았던 바우덕이. 우리나라 최초의 여성 판소리꾼 진채선과 함께 진정한 19세기 최고의 여성 예능인으로 꼽히는 어름산이 바우덕이. 그녀는 1870년에 세상을 떴지만, 그보다 한참 뒤인 1909년 〈황성신문〉의 기사에서 마치 살아 있는 사람인 것처럼 그려진다(어떤 여인이 노래를 잘한다고 소개하면서 바우덕이가 와도 쥐구멍을 찾겠다는 내용이다). 비록 짧은 생을 살다 비참하게 갔지만, 그녀의 이름은 그토록 오래오래 살아남았던 것이다.

四十 | 찹쌀떡 행상에서 주미공사까지, 매국노 이하영의 인생

 내무부(內務府)에서 아뢰기를, "미국주재 전권 대신 일행이 떠나가게 되었으니, 서기관으로 이하영과 이상재를, 번역관으로 이채연을 차하(差下)하는 것이 어떻겠습니까?" 하니, 윤허하였다. _《고종실록》

이하영. 그는 이완용, 윤덕영과 함께 조선의 대표적인 매국노이다. 몰락한 양반(백사 이항복의 10대손)의 자제로 경상남도 부산 동래에서 태어나 찹쌀떡 장수와 일본 부두 노역 관리자로 출발해, 노년에 고무신 회사의 대표이사로 죽은 이하영. 그의 인생에는 주미 대한제국 공사관의 서기관이라는 독특한 이력이 있다.

1876년 강화도조약 이후, 그는 부산 항구에 찾아가 노역자로 출발했다. 그 뒤에 양반 가문이라는 것이 인정되어 노역자들을 관리하는 관리사로 승진했다. 부두에서 일하면서 영국과 미국 그리고 프랑스와 일본 등 외국 사람들을 많이 접했고, 어깨너머로 영어와 일본어를 배웠다. 그러다가 동업자 하나와 함께 사업하기로 하고 일본 나가사키행 배에 오른다. 그 동업자는 현지에 도착하자마자 모든 사업 자금을 들고 튀어 버렸다. 약 일주일을 혼자 방황하던 그는 절망 속에 다시 나가사키를 떠나 한국으로 돌아오게 되는데, 이때 의사 호러스 뉴턴 알렌과의 우연한 만남이 이뤄진다. 그것도 배 위에서 말이다. 주한 미국공사까지 지내게 되는 알렌과의 첫 만남이었다. 둘은 금방 친해진다.

알렌을 따라 제물포에 내린 이하영은 곧바로 서울로 가서 왕실 외국어 교육기관 육영공원에서 영어와 일본어를 가르치는 선생이 된다. 이렇게 되니, 1885년 당시 외국에서 일할 외교관이 태부족했던 조선 왕실에 단비 같은 존재가 된다. 외무아문◆ 주사로 영전한 그는 육영공원 일은 계속 맡으면서 사헌부 감찰 같은 일을 함께 하고, 고종의 영어 통역도 맡았다고 전해진다. 한학에 대한 지식은 전혀 없어서 한학 편지 한 통, 한문 문서 작성도 일평생 불가능했다고 전해지니 기가 막혀서 웃음만 나온다. 그럼에도 불구하고 그는 알렌 주미공사와의 친분으로 인해 영어와 일어 실력만 가지고 조선의 벼슬길에 임한다. 그러던 도중 1886년, 미국 워싱턴

◆ 외무아문(外務衙門)은 구한말에 외국과의 교섭 및 통상에 관한 사무를 담당한 관아이다.

DC에 주미공사관을 개설하고자 노력하던 고종의 뜻에 따라 초대 주미공사 박정양과 참찬관 이완용에 이어 이하영은 서기관으로 임명된다.

제물포를 출발한 주미공사관 일행은 요코하마를 거쳐 샌프란시스코에 도착해, 대륙횡단열차를 타고 워싱턴으로 향했다. 이 철도라는 것에 가장 크게 놀란 이가 바로 이하영 서기관이다. 무슨 신문물이기에 이렇게 신기한가 하며 미국 정부와 미국 외무성의 관료들에게 직접 물어보았다. "이 기차라는 것의 원리가 무엇인가?" "이 기계의 설계도면이나 작동 원리 등을 구할 수 있겠는가?" 이 관심은 그의 평생을 따라다닌 문제의식의 시작이었다. 조선의 국토에도 이것을 깐다면 철강과 전기의 산업구조 개혁은 물론이고 조선의 물산과 물류 모두 최강이 될 수 있다. 여기서부터 상상력의 날개를 펼쳐 보겠다. (록펠러와 이하영의 만남 장면은 상상이다. 그러나 록펠러와 J.P. 모건이 아시아 만주에 큰 관심이 있었다는 것은 사실이다.)

당시 청나라가 조선에 요구한 영약삼단*이라는 족쇄가 있었는

◆ 영약삼단은 '따로, 별도의 약속'을 뜻하는 영약(另約)과 세 가지 단서 삼단(三端)을 합친 말이다. 세 가지 단서란 다음과 같다. 첫째, 조선공사가 주재국에 도착하면 청나라공사를 먼저 찾아가 보고해야 하며, 그의 안내로 주재국 외무부에 갈 수 있다. 둘째, 조선공사는 회의나 연회 석상에서 청나라공사 밑의 자리에 앉아야 한다. 셋째, 중대 사건이 있을 경우 청나라공사와 미리 협의해야 한다. 그러나 박정양은 이 영약삼단을 따르지 않았고, 이를 알게 된 청나라가 끈질기게 문제 제기를 하자 결국 조선은 박정양을 다시 본국으로 불러들였다.

데, 조선국 주미공사 박정양은 이를 지키지 않았다. 하여 청나라가 미국 대통령에게 강력하게 항의하자 결국 박정양과 이완용이 본국으로 돌아가게 된다. 이하영은 이제 주차미국전권대신 임시서리라는 고약한 이름으로 사실상의 주미공사 역할을 하게 된다. 약 1년여 동안의 주미공사 생활 동안, 이하영은 미국 최고의 억만장자 기업가인 록펠러에게 서신을 띄우고 만나기까지 한다. 바로 조선에도 철도를 만들어 달라는 것이었다. 왜 내게 와서 그러느냐며 록펠러가 퉁명스럽게 되물었지만, 이하영은 자기도 장사치 출신 벼슬아치라며 조선의 지도를 탁 꺼내 놓고 다음과 같이 설명했다.

"우리 조선이 세계 지도 어디쯤에 붙어 있는 나라인지를 설명드리겠습니다. 우리 조선은 일본 섬이 있으면 말입니다. 그 위의 대륙에 붙어 있는 여기올습니다. 바로 반도라는 지역적 이점이 있죠. 이 반도라는 이점을 백 프로 활용하면 바다에서 육지로, 육지에서 대륙으로, 이렇게 뻗어 나갈 수 있는 무한한 잠재력을 갖추고 있습니다. 한마디로 아시아 대륙의 교량으로서의 역할을 얼마든지 감당할 수 있다, 이렇게 말씀드리겠습니다. 한반도에서 이렇게 위로 탁 뻗어 나가면 왼쪽 의주를 통해서는 청나라로, 여기 요쪽에, 오른쪽에 있는 경흥, 함경북도를 통해서는 아라사(러시아)로 통할 수 있을 것이다, 이 말입니다. 우리 조선에 한번 투자를 과감하게 해 보시면, 이번 투자를 통해서 록펠러 대감의 재산은 또 한

번 2배, 아니 3배로 늘어날 것입니다. 절대로 후회하지 않을 것입니다." 록펠러는 흥미를 가졌다. 자신의 콧수염을 쓰다듬으면서, '흐음…'이라고 표현했다. 대단한 긍정의 의미였다. 이하영은 함경북도에서 시베리아를 거쳐 유럽으로 통하는 라인을 직접 따라 그리면서 록펠러를 유혹했다.

록펠러는 기민하게 움직였다. 우선 이하영에게 미국 정부가 주었다고 형식을 취한 뒤, 정교한 열차 모형을 구해 와서 조선 궁중에서 회람을 돌렸다. 철도 노선에 대한 조선 조정의 관심이 실제 어느 정도 있는지를 계속 주시했다. 이하영은 철도 노선을 놓기 위해서는 대규모 출자가 이루어져야 함을 계속 이야기했고, 이에 금융왕 J.P. 모건이 눈치 빠르게 근대화의 상징이라 할 수 있는 정동교회 바로 건너편에 한국 지점을 설치했다. 그리고 미국 자본의 상징이라고 할 수 있는 전차부터 개설했다. 1899년 한국 경성에 놓인 전차는 아시아에서 가장 먼저, 심지어 일본 동경보다 먼저 놓인 전차였다.

이러니 일본에서 이를 눈치채고 난리가 났다. 이하영의 공세를 누르기 위해 미국에서 한국으로 빨리 되돌리려고 애를 썼다. 또한 록펠러에게도 자기 나라의 정한론을 이야기해 주면서, 조선 반도를 통한 대륙 진출은 자기 나라에 맡겨 주면 된다고 했다. 조선은 힘이 미약하고, 그런 대륙 철도 같은 것을 놓을 힘이 전혀 없는 나라라고 깎아내리면서 말이다. 록펠러는 이 투자 결정을 위해 몇 년을 고심했다. 기다리다 못한 일본 정부는 1894년 7월 23일 조선의 한양 경복궁을 범궐했다. 1만 5,000명의 병력으로 공격한 일본은 고종을 협박해서 스스로 철도에 관한 모든 권한을 내려놓게 했다. 록펠러는 일본의 손을 들어주었다. 록펠러가 우리 조선에 계속 힘을 실어 주었더라면 우리 역사는 아니, 전 세계의 역사는 또 어떻게 바뀌었을까?

이하영 초상화

이후 친일파로 변신한 이하영에게 일본은 1896년 3월 주일공사관 전권공사로 파견시켜 주었다. 다시 공사관이 대사관으로 승격되면서 그 역시 주일특명전권대사로 승진했다. 일본은 그에게 훈1등 욱일대수장을 수여하고 그제야 한숨을 돌린다. 이하영은 1910년 조선의 국권이 피탈되자 일본으로부터 자작 작위를 받고 조선총독부 중추원 고문을 지내며 호의호식했다.

四十一 | 조선의 남자 조리사 안순환의 요리 그리고 을사늑약

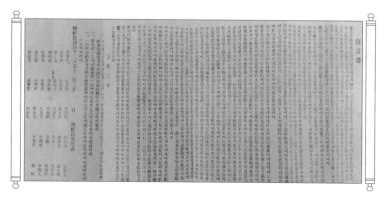

3·1 독립선언서 (출처: 국가유산청)

1919년 3월 1일 오후 2시 서울 종로구 인사동에 있는 요릿집 태화관에 모인 손님 30명은 바짝 긴장해 있었다. 30명이 모여서 할 일은 3·1 독립운동 기념사를 읽고 대한 독립 만세를 부르는 일이었다. 그렇다. 이 손님들의 대장은 의암 손병희였고, 그들은 민족 대

표 33인이었다. 같은 해 1월에 열리는 파리강화회의에 참석하러 파리행 배를 탄 우사 김규식이 몽양 여운형에게 신신당부했던 말, "내가 파리에 가서 회의에 참석할 때, 거기에 참석한 유럽 사람들이 나에게 '한국 그게 어디에 붙어 있는 나랍니까?'라고 할 것이 뻔하단 말이오. 그러니 한국에서 대규모 만세운동 같은 소요 사태를 일으켜 주어야 내가 신문에 난 그 기사를 가리키며 '보시오, 난 여기 나라 출신이오'라고 할 것 아닙니까"라고 한 말, 그 말을 지키려고 즉 소요 사태를 일으키려고 모인 것이다.

손병희는 태화관의 주인을 불렀다. 대장 요리사 겸 사장이 뛰어왔다. "일본 경찰에게 연락해 주게." 그 사장은 울먹이며 감사하다고 말하고 뛰어나갔다. 잠시 후 일본 경찰 수십 명이 중무장을 한 채 들이닥쳤다. 그때 민족 대표 29인은 모두 독립선언서를 낭독하고 만세삼창을 불렀다. 그래야만 현행범이 되기 때문이다. 일본 경찰은 그들을 모두 체포했다. 태화관에 오지 않은 민족 대표 4명이 더 있다는 것을 손병희의 진술로 확보했다. 인감도장만 맡기고 오지 않은 것이다. 평안북도의 길선주 장로, 평안북도의 유여대 장로, 김병조 목사, 정춘수 목사 등은 모두 각자의 곳에서 더욱 열심히 만세를 부르고 그 현장에는 가지 않는 대신 인감도장을 보내, 독립선언서에 도장은 총 33개가 찍혔다.

더구나 34번째 민족 대표도 있었으니, 바로 캐나다 출신 수의사이자 선교사인 프랭크 스코필드 씨였다. 그는 26세 나이로 한국에 와서 활동하다가 서른에 천도교 의암 손병희와 조우한다. 그에게서 한국 독립의 필요성을 들은 이 캐나다 청년은 "우리도 영국에 의해 식민 지배를 당하고 있다. 우리도 조선과 신세가 같다"라며 의암과 손을 잡고 뜻을 같이한다. 특히 33인에 포함되어 있던 독립운동가 이갑성을 통해, 3·1 운동의 사진을 찍어서 세계적인 언론사들에 배포해 줄 것과, 독립선언서를 영어로 번역해서 미국 대통령에게 보내 달라는 부탁을 받았다. 그는 그 자리에서 흔쾌히 수락했다. 그리고 태화관에서 정성 어린 한식 요리를 대접받았다.

이 태화관이라는 곳은 원래 매국노 이완용의 별장이었던 곳이다. 이곳에 아까 등장한 사장 겸 대장 요리사는 원래 1890년대 경복궁의 대령숙수◆였던 안순환이라는 사람이다. 안순환은 불 세기 조절을 잘했기 때문에, 궁중 요리 전반을 총괄 지휘하는 대령숙수로 올라설 수 있었다. 1918년 안순환은 호텔이었던 태화관을 인수해 요릿집으로 바꾸었다. 그가 1903년 서울 광화문에서 개업해 운영하던 명월관이라는 요리점의 분점이다. 전국의 기생들이 모두 모여드는 예능 중심관 같은 역할을 했다(어느 역사 강사의 말처럼 룸살롱이라는 말은 너무 나간 말이다).

안순환은 또한 일본의 대한제국 식민지화를 바로 곁에서 보고 분노했던 사람이었다. 1905년 11월 16일과 17일, 한성부 덕수궁

◆ 대령숙수란 조선 시대 궁중에서 잔치 때 음식을 만들었던 남자 전문 요리사를 말한다.

중명전에서 고관대작들이 드신다 하여 안순환은 요리를 정성껏 만들었다. 요리 만드는 사람이 그 요리상에서 무슨 일이 벌어지는 지까지는 알지 못했다. 그런데, 11월 18일 아침 소식을 듣고 까무러쳤다. 그 중명전 회의장이 바로 대한제국을 망하게 만든 을사늑약의 현장이었던 것이다. 거기에 자신이 만든 요리가 나와 있었던 것이다. 순간 양 손목을 자르고 싶었다는 안순환의 회고. 그러니 1919년 3월 1일의 민족적 거사에 안순환은 손병희를 붙들고 그날의 오욕을 씻게 해 달라고, 민족지도자 대표 33인에게 제가 정성껏 만든 요리를 대접하게 해 달라고 부탁했다. 의암 손병희는 그 부탁을 받아들여 요리를 만들게 한다. **이것이 3·1운동 태화관 모임의 진실이다.**

대마도는 우리 땅이다

 대마도라는 섬은 경상도의 계림에 예속했으니, 본디 우리 나라 땅이란 것이 문적에 실려 있어, 분명히 상고할 수가 있다. 다만 그 땅이 심히 작고, 또 바다 가운데 있어서, 왕래함이 막혀 백성이 살지 않는지라, 이러므로 왜인으로서 그 나라에서 쫓겨나서 갈 곳이 없는 자들이 다 와서 함께 모여 살아 굴혈을 삼은 것이며, 때로는 도적질로 나서서 평민을 위협하고 노략질하여 전곡을 약탈하고, 마음대로 고아와 과부, 사람들의 처자를 학살하며, 사람이 사는 집을 불사르니, 흉악무도함이 여러 해가 되었으나, 우리 태조 강헌 대왕께서는 지극히 어질고 신무(神武)하시므로, 하늘 뜻에 응하여 혁명을 일으켜 비로소 집으로 이루어진 나라를 창조하매, 저자와 전포도 변함이 없이 큰 기업이 정하여졌으니, 이것이 비록 탕임금과 무왕의 성덕이라 할지라도, 어찌 여기에서 더

하겠는가. _《세종실록》

대마도 위치

결론부터 말한다. 대마도는 조선 땅이다. 일본이 독도를 자기네 땅이라고 우기고, 원래는 일본 시마네 현의 다케시마인데 우리 한국이 불법 점령하여 갖고 있다고 국제 사회에 자꾸 거짓을 이야기한다면, 그래서 국제사법재판소로 독도 문제를 끌고 나가겠다고한다면, 우리도 본색을 드러낼 수밖에 없다. 우리나라 최고 군 통수권자는 100년 전 일로 일본이 우리에게 무릎을 꿇어야 한다는게 이해할 수 없다고 말했지만, 이 문제는 지금 일어나고 있는 즉현재의 문제 아닌가.

저 《세종실록》 문헌에 대마도에 대해 딱 나와 있다. 1419년(세종 1년) 7월 17일 상왕 태종의 교서 내용 중 일부다. 군권을 장악하고 있던 태종은 "대마도는 원래 경상도의 계림에 속했으니, 본디 우리나라 땅이란 것이 문적에 실려 있어 분명히 상고할 수 있다"라고 말했다. 너무나 명백히 대마도는 우리 땅임을 증명하고 있다. 대마도는 일본 본토와는 뚝 떨어진 섬이지만, 우리나라 부산과는 불과 50킬로미터밖에 안 떨어져 있다. (울릉도와 독도는 서로 90킬로미터 떨어져 있다.)◆

고작 50킬로미터 떨어져 있지만 대마도는 섬이 좁고, 풍랑이 세고, 벼농사가 제대로 되지 않는 지역이라 고래로 사람이 살지 않았다. 그런데 본섬에서 밀려난 왜인들이(죄수이고 역적이고 해서) 하나둘 똬리를 틀었다. 그러던 이들이 먹고살기가 어려우니 하나둘 해적이 되어 동북아시아, 더 나아가서는 동남아시아, 중국 연안까지도 수시로 넘나들며 사람들을 학살하기에 이르렀다. 그러니 '너희들이 남의 땅을 불법적으로 점유하고 있다는 것을, 경상도 계림에 속해 있는 땅의 불법 점유자라는 것'을 이제 한 번쯤은 일깨워 줄 필요가 있다는 점을 태종은 강조한 것이다.

대마도는 임진왜란·정유재란 때 일본의 전초 기지로서 역할을 했다. 그런데 자발적으로 전초 기지 역할을 했다기보다는 도요토미 히데요시의 강요에 못 이겨 그렇게 한 것이다. 이는 대마도주 소 요시토시의 조선 정부를 향한 상소에도 잘 나온다. 그 이후로도 대마도에 대한 이야기는 잘 나오지 않는다. 그러다가 19세기

◆ 최근 대마도에 핵폐기물 처리장이 들어선다고 해서 아주 대단한 소동이 일어났다. 부산 앞바다에 미칠 방사능 악영향 때문에 참으로 미칠 지경이다.

후반 일본이 정한론을 앞세우면서 대마도는 또다시 조선 침략의 전초 기지로 쓰인다. 해방 이후에는 1946년 1월 29일 미국 측 연합국 최고 사령관이 각서 제677호를 통해 쓰시마섬은 일본의 영토이고, 독도는 대한민국의 영토라고 규정했다. 그러나 1949년 국민 대다수의 염원을 받든 이승만 대통령이 대마도 영유권을 주장한다. "쓰시마섬은 원래 우리나라 땅이다. 1870년 일본이 정식으로 점령했다. 일본은 포츠담 선언에서 불법으로 점령한 땅에 대해서는 무조건 다 돌려줘야 한다고 인정했다. 그러므로 대마도를 우리에게 돌려 달라." 이후에도 60여 차례나 쓰시마 반환 요구를 공식적으로 국제 사회에 전달한다.

미국은 1950년 3월 30일 정부조사보고서를 낸다. 거기에는 한국 측의 대마도 영유권에 대한 근거가 일본 측의 수호 근거보다 박약하다고 나와 있다. 다음은 보고서의 전문이다.

There is no question of Tsushima's status as a dependency of Japan after 1668. The Japanese reorganization of the government of Tsushima following the Meiji Restoration antagonized the Koreans, but they could only express disapproval of it. No other nation has sought to challenge Japan's control since 1668. Therefore, from the information available, Korea's claim does not appear to be well-founded. Although Korea apparently held a dominant position on the island before 500 A.D., its claim to control in subsequent periods is not supported by the facts available.

해석 *1668년 이후 쓰시마가 일본령이라는 것에는 의문의 여지가 없다. 메이지 유신 당시 일본의 쓰시마 지배 체제 개편은 한국인들에게 적대감을 일으켰지만, 한국은 그것을 승인하지 않는 것 말고는 할 수 있는 게 없었다. 그 외 다른 국가들은 1668년 이후로 일본의 지배에 도전한 적이 없다. 따라서 자료에 따르면 한국의 주장에는 합리적인 근거가 없어 보인다. 서기 500년 이전에는 한국이 쓰시마에 대해 지배적인 위치를 차지했지만, 그 이후의 기간에 대해 한국이 지배권을 주장할 만한 근거가 없다.*

이러한 미국 측 주장에 대해 1951년 4월 27일 한국 정부는 대마도에 대해서 다음과 같이 요구했다. 이는 2005년에야 대중들에게 공개되었다.

In view of this fact the Republic of Korea requests that Japan specifically renounce all right, title and claim to the Island of Tsushima and return it to the Republic of Korea.

해석 *이러한 점을 고려하여 대한민국은 일본이 대마도에 대한 모든 권리, 소유권과 청구권을 분명히 포기하고 대한민국에 반환할 것을 요청한다.*

나는 다시 이 같은 역사를 되살릴 것을 주장한다. 다시 한번 말한다. 대마도는 경상도 계림에 속하는 우리 땅이다. 일본이 명백한 근거가 있는 독도를 자기네들 땅이라고 계속 우기는 한, 우리는 대마도에 대한 우리 영유권을 계속 주장할 것이다.

역사와 상상력이 만날 때

역사는 기록에 의존하지 않는다. 기록에 의존할 때 역사는 굉장히 딱딱한 정부 문서로만 존재하게 된다. 역사는 역사학자의 오늘을 반영한다. 베네데토 크로체는 모든 역사는 현대사라고 했다. 역사를 쓰는 이는 오늘, 즉 현재를 사는 사람이기 때문. '역사'라는 과거의 사건을 보는 관점도, 지금을 살아가는 사람들의 구미에 맞게끔 재창조되기 마련이다. 역사는 팩트라는 말은, 다시 말하지만 어찌 보면 거대한 거짓말의 세상이 된다.

역사는 기록 몇 줄과 상상력으로 다시 만들 수 있다. 역사 속 기록 하나하나, 대화 하나하나를 최대한의 객관성은 유지하되, 그 구체적인 장면은 역사학자라는 사람의 상상력이 얼마만큼 확보되느냐에 따라 달라진다. 예전에는 문학과 역사와 철학이 구분되지 않았다. 철학자로 우리에게 잘 알려진 공자는 《춘추》라는 역사책을 써서 역사학자로도 볼 수 있고, 장자라는 철학자가 쓴《장자》라는 책은 하나의 장편 소설로 볼 수 있을 정도로 아주 재미있다. 따라서 문사철이 하나 되어 존재하려면, 역사의 객관성이라는 신화부터 걷어야 한다. 역사의 객관성이 너무 강조되다 보면 역사는 기록에만 의존해야 하기 때문이다.

우리나라 법조계를 비롯한 행정부의 철학은 너무나 빈곤하다. 그 빈곤함의 원인이 어디서 오는지 아는가? 그것은 고시 제도라는 우리나라의 과거 같은 시험에서 온다. 정답은 오직 하나인 객관식 시험으로 1차를 붙고, 다시 2차를 정확한 다수설에 입각한 답안으로 논문형 시험을 친다. 따라서 이러한 시험 제도를 통과한 사람들은 정치적으로나 사회적으로나 모든 문제에 답은 오직 하나라는 생각을 가지게 된다. 생각해 보라. 어째서 모든 문제에 답이 하나뿐인가? 지금 우리가 읽은 42가지 역사 이야기에 답은 없다. 오직 기록에 따른 자기주장만이 있다. 그것도 상상력을 도구로 한 스토리의 전개일 뿐이다. 적과 나를 가르는 철학, 그리고 그 나를 구성하는 단순한 단답형의 철학이 어찌 빈곤하지 않을 수 있을까?

독자 제현께서는 이제 깨시민(깨어 있는 시민)으로서 우리 사회를 극단적으로 양분하는 철학을 깨부수기 바란다. 역사 기록과 올바른 상상력이 만날 때, 깨어 있는 시민 의식이 살아날 것이다. 우리 모두의 발전하는 미래를 향하여 전진!

불편한 한국사

2024년 08월 22일 초판 01쇄 발행
2024년 10월 21일 초판 03쇄 발행

지은이 배기성

발행인 이규상 편집인 임현숙
편집장 김은영 책임편집 정윤정 책임마케팅 이채영
콘텐츠사업팀 문지연 강정민 정윤정 원혜윤 이채영
디자인팀 최희민 두형주
채널 및 제작 관리 이순복 회계팀 김하나

펴낸곳 (주)백도씨
출판등록 제2012-000170호(2007년 6월 22일)
주소 03044 서울시 종로구 효자로7길 23, 3층(통의동 7-33)
전화 02 3443 0311(편집) 02 3012 0117(마케팅) 팩스 02 3012 3010
이메일 book@100doci.com(편집·원고 투고) valva@100doci.com(유통·사업 제휴)
포스트 post.naver.com/black-fish 블로그 blog.naver.com/black-fish
인스타그램 @blackfish_book

ISBN 978-89-6833-475-7 03910
ⓒ 배기성, 2024, Printed in Korea